环境税对企业节能减排与技术创新的影响

刘桂春 等 著

立信会计出版社

图书在版编目(CIP)数据

环境税对企业节能减排与技术创新的影响 / 刘桂春等著. —上海：立信会计出版社，2023.12
 ISBN 978-7-5429-7444-0

Ⅰ.①环… Ⅱ.①刘… Ⅲ.①环境税－影响－企业－节能减排－技术革新－研究－中国 Ⅳ.①F812.424 ②F279.23

中国国家版本馆 CIP 数据核字(2023)第 223362 号

策划编辑　赵志梅
责任编辑　胡　越
美术编辑　吴博闻

环境税对企业节能减排与技术创新的影响
HUANJINGSHUI DUI QIYE JIENENG JIANPAI YU JISHU CHUANGXIN DE YINGXIANG

出版发行	立信会计出版社				
地　　址	上海市中山西路 2230 号		邮政编码	200235	
电　　话	(021)64411389		传　真	(021)64411325	
网　　址	www.lixinaph.com		电子邮箱	lixinaph2019@126.com	
网上书店	http://lixin.jd.com		http://lxkjcbs.tmall.com		
经　　销	各地新华书店				
印　　刷	江苏凤凰数码印务有限公司				
开　　本	710 毫米×1000 毫米　　1/16				
印　　张	9.75				
字　　数	135 千字				
版　　次	2023 年 12 月第 1 版				
印　　次	2023 年 12 月第 1 次				
书　　号	ISBN 978-7-5429-7444-0/F				
定　　价	52.00 元				

如有印订差错，请与本社联系调换

前 言

党的十八大将中国特色社会主义总体布局从经济、政治、文化、社会建设"四位一体"升华为包括生态文明建设的"五位一体",标志着中华文明格局开启了向物质文明、政治文明、精神文明、社会文明和生态文明全面发展的更高阶段演进的新里程。党的二十大报告指出,统筹产业结构调整、污染治理、生态保护,应对气候变化,协同推进降碳、减污、扩绿、增长,推进生态优先、节约集约、绿色低碳发展。

为了实现可持续发展,相关部门对环境规制提出了三类措施:一是利用法律、法规来规范排放标准;二是利用市场或经济的手段,对超额排放者进行征税或罚款,对节能减排者进行补贴、奖励;三是利用信息披露、沟通的手段进行环境保护。征收环境税作为一种治理环境污染的经济手段,在20世纪末开始被一些国家采用。我国于2018年开始征收环境税。在开征之前,我国学者已关注环境税的研究,利用模拟数据、近似数据研究环境税对于经济、企业等的影响。如今我国环境税开征已有5年多,这为我们从研究模拟数据转变到实际数据提供了很好的窗口。

本书通过回顾我国环境规制的发展沿革以及国内外环境税的发展情况对环境税展开研究。首先是对重污染典型企业包括电力企业、钢铁企业以及纺织企业分别进行探究;其次是对污水处理企业这种治理型企业进行研究分析;最后是对废气排放企业总体情况进行研究。通过整合多个重污染行业进行整体分析,最后根据上述研究结论提出一定的建议。

本书对于重污染企业所处行业的研究均是从污染物排放情况、环境税征收情况、节能减排情况以及绿色投资产生技术创新等方面展开。对于电力企业研究,根据行业特点,在分析环境税对企业的节能减排影响时,从电力企业三废排放情况、火电机组关停退役情况和电能替代情况等具体展开,再对企业从调整发电结构和提高防污染技术角度分开阐述绿色投资情况;对于钢铁企业的研究,依据河钢股份有限公司、山东钢铁集团有限公司、鞍钢股份有限公司和江苏沙钢股份有限公司四家有代表性的企业数据,具体分析环境税实施的影响;对于纺织企业的研究,针对行业特点,采用耗能指标及排污指标建立节能减排评价指标体系,通过观察纺织企业节能减排评价指标总分变化趋势的方式研究探讨。

根据上述典型重污染企业的分析均可得出相似的结论:环境税有显著促进企业节能减排的作用,也使得各企业加大研发资金和研发人员投入,专利数量逐年攀升,技术不断创新,产能利用率增加。

本书也探究了污水处理企业缴纳环境税情况、环境税下对节能减排效果以及技术创新成果的影响并得出结论:环境税对于污水处理企业的技术创新工作有较大影响,在其推动之下,我国的污水处理技术正逐步提升,废水排放量稳定下降,治污效果得到大力改善。

对废气排放企业的影响研究,本书针对产生废气的各企业类型整合分析,探究环境税对废气排放企业投资技术创新的影响,从企业技术创新的经营投入分析、环保技术创新研发投入为企业带来的效益分析及环保设备销量的分析三个具体方面展开,然后通过PEST分析模型,综合政治、经济、社会及技术四方面,来对环境税倒逼废气排放企业的绿色转型进行研究,得出结论:在环境税的推动下,各企业通过对产业链条的结构优化调整、生产工艺流程的能效升级转化及废气排放限制等途径,对企业的现行政策进行改革和优化,使企业达到长期良性发展的目的。

环境税在制度的设定和征收管理过程中仍然存在一定问题,本书最后一部分归纳整理了环境税的不足之处,并针对这些不足提出相应的建议,对于重污染行业和环境治理行业进一步提高节能减排水平、提升技术创新能力，以及各相关部门征管问题的改善有一定的参考价值。

本书由我与我的研究生张燕妮、殷昊等合作完成。另外，我的学生韩婷宇、刘宸昊、梁素伟、毛佳婷、李宛霖等也做了大量的数据收集、整理工作。

由于作者水平有限，本书难免有疏漏之处，还请谅解。

刘桂春

2023年10月

目 录

第一章 国内外环境税发展简介 ················ 001
 一、环境保护与环境规制 ················ 002
  (一)环境保护的发展历程 ················ 002
  (二)环境规制概念及种类 ················ 004
 二、环境政策工具 ················ 004
  (一)命令控制型 ················ 004
  (二)市场激励型 ················ 005
  (三)其他类型 ················ 008
 三、国外环境税概况 ················ 009
 四、我国环境税发展情况 ················ 011

第二章 环境税对企业行为影响的文献述评与理论基础 ················ 015
 一、环境税国外研究述评 ················ 016
  (一)国外环境税研究进程 ················ 016
  (二)国外环境税的实施效果研究 ················ 017
 二、环境税国内研究述评 ················ 019
  (一)国内环境税实施必要性及问题 ················ 019
  (二)国内环境税的实施效果研究 ················ 020
  (三)国内环境税的制定研究 ················ 023
 三、环境税对企业行为影响的理论基础 ················ 025

（一）产权理论 ·· 025
　　（二）外部性理论 ·· 026
　　（三）"双重红利"理论 ······································· 026
　　（四）利益相关者理论 ·· 027
　　（五）可持续发展理论 ·· 027

第三章　环境税对企业节能减排与技术创新的影响机理 ·········· 029
　一、环境规制与企业投资决策 ···································· 030
　二、环境规制与"创新补偿效应" ·································· 032
　三、环境规制与企业成本 ·· 033

第四章　环境税对电力企业的影响 ····························· 037
　一、行业及污染物排放情况 ······································ 038
　二、电力企业环境税征收情况 ···································· 038
　三、环境税对电力企业节能减排的影响 ···························· 041
　　（一）环境税下电力企业污染物排放情况 ······················· 041
　　（二）环境税下电力企业二氧化碳排放情况 ····················· 043
　　（三）环境税下电力企业火电机组关停和退役情况 ··············· 044
　　（四）环境税下的电能替代情况 ······························· 045
　四、环境税下电力企业技术创新情况 ······························ 046
　　（一）环境税下电力企业发电结构调整情况 ····················· 046
　　（二）我国电力企业技术创新情况 ····························· 051
　　（三）环境税下防污染技术发展 ······························· 052

第五章　环境税对钢铁企业的影响 ····························· 055
　一、行业及污染物排放情况 ······································ 056

（一）行业概况 …………………………………………… 056
　　（二）行业污染数据分析 …………………………………… 057
　　（三）钢铁生产过程及排污分析 …………………………… 058
二、环境税对钢铁企业节能减排的影响 ……………………… 058
　　（一）企业减排应对举措 …………………………………… 059
　　（二）污染物排放量分析 …………………………………… 060
三、环境税对钢铁企业技术创新的影响 ……………………… 063
　　（一）企业研发投入费用分析 ……………………………… 063
　　（二）企业专利数量与技术升级分析 ……………………… 065

第六章　环境税对纺织企业的影响 …………………………… 069
一、行业及污染物排放情况 …………………………………… 070
　　（一）纺织业简介 …………………………………………… 070
　　（二）行业主要生产过程与污染物的产生 ………………… 070
二、纺织业环境税涉税情况 …………………………………… 072
　　（一）纺织业废水涉税分析 ………………………………… 072
　　（二）纺织业废气涉税分析 ………………………………… 076
　　（三）纺织业固体废物涉税分析 …………………………… 082
三、纺织业节能减排情况分析 ………………………………… 083
　　（一）建立纺织业节能减排评价指标体系 ………………… 083
　　（二）纺织业节能减排情况评价 …………………………… 089
四、环境税对纺织企业技术创新的影响 ……………………… 098

第七章　环境税对污水处理企业的影响 ……………………… 103
一、污水处理企业的发展概况 ………………………………… 104
　　（一）污水处理企业发展 …………………………………… 104

（二）污水处理企业经营现状 ………………………………… 105
　二、污水处理企业缴纳环境税情况 ……………………………… 107
　三、排污费改税对污水处理企业节能减排的影响 ……………… 109
　　（一）排污费制度存在的缺陷 ………………………………… 109
　　（二）征收环境税后废水排放总体情况分析 ………………… 110
　　（三）排污费改税对节能减排效果的影响 …………………… 113
　四、开征环境税对污水处理企业技术创新的影响 ……………… 114
　　（一）污水处理企业相关的环境税税收政策 ………………… 114
　　（二）开征环境税对技术创新的影响 ………………………… 115

第八章　环境税对废气排放企业的影响 ……………………… 119
　一、我国废气排放治理现状分析 ………………………………… 120
　二、环境税对废气排放企业技术创新的影响 …………………… 121
　　（一）企业技术创新的经营投入分析 ………………………… 123
　　（二）环保技术创新研发投入为企业带来的效益分析 ……… 124
　　（三）环境税的开征对推动环保设备销量的分析 …………… 126
　三、环境税倒逼废气排放企业绿色转型的分析 ………………… 127
　　（一）建立 PEST 分析模型 …………………………………… 127
　　（二）废气排放企业的发展前景规划 ………………………… 129
　四、对废气排放企业征收环境税应关注的问题 ………………… 129

第九章　启示与建议 …………………………………………… 133
　一、环境税征收中存在的问题 …………………………………… 134
　二、环境税征收的启示与建议 …………………………………… 135

参考文献 ………………………………………………………… 139

第一章 国内外环境税发展简介

党的二十大报告指出，推动经济社会发展绿色化、低碳化是实现高质量发展的关键环节。报告指出，加快推动产业结构、能源结构、交通运输结构等调整优化；实施全面节约战略，推进各类资源节约集约利用，加快构建废弃物循环利用体系；完善支持绿色发展的财税、金融、投资、价格政策和标准体系，发展绿色低碳产业，健全资源环境要素市场化配置体系，加快节能降碳先进技术研发和推广应用，倡导绿色消费，推动形成绿色低碳的生产方式和生活方式。

我国已经摒弃了粗放式的经济发展方式，倡导绿色发展。绿色发展即破除"唯 GDP 论英雄"的片面发展观，让经济发展回归到长期协调可持续的健康轨道上来。用牺牲环境为代价换来的发展注定是饮鸩止渴，短期亮眼的"成绩单"终究难以抵挡灾难性后果的降临。从淘汰落后产能到碳达峰、碳中和的提出，从绿色产业的大力扶持到传统行业的规范约束，环境税（也称环境保护税）作为绿色发展、节能减排的重要手段，也在不断探索中得以完善。

一、环境保护与环境规制

（一）环境保护的发展历程

工业革命以来，人类征服和改造自然的能力大大增强。随着科学技术、商品经济的发展和工业化的快速推进，人类的生产力水平有了极大提高。传统工业化在创造无与伦比的物质财富的同时，也过度消耗自然资源，大范围破坏生态环境，大量排放各种污染物，人类为此付出了沉痛的代价。从20世纪30年代开始，英、美、日等发达国家相继发生了英国伦敦烟雾事件、美国洛杉矶烟雾事件、日本水俣病事件等。[1] 日趋严重的环境问题促使人类

---

[1] 时任环境保护部部长周生贤于2013年7月9日在中央宣传部、中央直属机关工委、中央国家机关工委、教育部、解放军总政治部、中共北京市委联合主办的"中国特色社会主义和中国梦宣传教育系列报告会"上的报告。

环境意识开始觉醒。经历了沉痛的代价和宝贵的觉醒之后，人类对环境问题的认识逐步深入，对发展不断进行深刻反思。

我国环境保护也在不断发展，大体经历了三个阶段：

（1）第一阶段（1973—1978年）。1972年在瑞典斯德哥尔摩举行的联合国人类环境会议使中国比较深刻地了解到环境问题对经济社会发展的重大影响，意识到自身也存在着严重的环境问题。1973年8月，第一次全国环境保护会议在北京召开，标志着中国环境保护事业的开始，揭开了中国环境保护事业的序幕。该会议提出了"全面规划、合理布局、综合利用、化害为利、依靠群众、大家动手、保护环境、造福人民"的32字环境保护方针，要求必须实施与主体工程同时设计、同时施工、同时投产的"三同时"原则。这一时期的环境保护工作主要有：①全国重点区域的污染源调查、环境质量评价及污染防治途径的研究；②以水、气污染治理和"三废"综合利用为重点的环保工作；③制定环境保护规划和计划；④逐步形成一些环境管理制度，制定"三废"排放标准。

（2）第二阶段（1979—1992年）。1983年12月，在北京召开的第二次全国环境保护会议，确立了控制人口和环境保护是中国现代化建设中的基本国策；提出了"经济建设、城乡建设和环境建设同步规划、同步实施、同步发展"的"三同步"和实现"经济效益、社会效益与环境效益的统一"的"三统一"战略方针；确定了符合国情的"预防为主、防治结合、综合治理""谁污染，谁治理""强化环境管理"的三大环境政策。在这一时期，我国环境保护的政策和法规体系逐步形成和健全。我国于1989年12月26日颁布《中华人民共和国环境保护法》，同期还制定了关于保护海洋、水、大气、森林、草原、渔业、矿产资源、野生动物等各方面的一系列法规文件。

（3）第三阶段（1992年以后）。1992年在"里约会议"后，世界进入可持续发展时代，经济活动中越来越重视环境问题。环境原则主要包括环境政策与贸易活动相辅相成，国际贸易需考虑环境保护；经济增长方式由粗放型向集约型转变，推行控制工业污染的清洁生产，实现工业与生态的可持续发展；实行整个经济决策的过程中都要考虑生态要求的环境原则。1996年7月，在北京召开的第四次全国环境保护会议提出了"九五"期间全国12种主要污染物（烟尘、粉尘、二氧化硫、化学需氧量、石油类、汞、镉、六价铬、铅、砷、氰化物及工业固体废物）排放总量控制计划和中国跨世纪绿色工程规划。

在对环境保护进行深入认知和反思的过程中，我国也在不断地制定并完善各类法律法规，出台相关规章制度和管理条例，以加强对于环境生态的改善和治理。

（二）环境规制概念及种类

对于环境规制的含义，学术界历经了一个阶段性认知过程。开始人们所认为的环境规制就是政府对环境资源的直接干预，手段主要有法律法规、禁令以及非市场转让性的许可证制度等，称为"命令控制型环境规制"。而后的环保税费、政府补贴、可交易的排污许可证、碳排放权交易等的出现，拓宽了人们对环境规制的概念，这种通过市场激励改变经济主体成本或效益的手段，被称为"市场激励型环境规制"或"经济手段"。20世纪90年代以来，随着经济社会不断发展，对于企业环境保护信息披露的呼声也越来越高，信息公开、大众媒体监督、考核与表彰、宣传教育等一系列手段实施再一次扩展了环境规制的含义，并将这类游离于政府直接管制与经济手段之外的所有环境政策工具统称为"自愿型环境规制"或"软手段"。

二、环境政策工具

（一）命令控制型

命令控制型是通过政府颁布相关规章制度来规范企业的环境保护行

为,具有容易操作、见效快等特点。在这种要求下,企业不得不投入资金进行污染治理。虽然这种规制手段在短期内可以有效控制污染,但是实施成本很高,"一刀切"的政策标准在实践中灵活性较低。

近几年来我国政府在环境质量提升方面相继出台了若干法律法规,例如《排污许可管理办法(试行)》(2018)、《中华人民共和国水污染防治法》(2017)、新修订的《中华人民共和国环境保护法》(2015)、《中华人民共和国土壤污染防治法》(2019)、《中华人民共和国环境噪声污染防治法》(2022)等。

(二) 市场激励型

与强制性规制政策不同,以税收、罚款和排污费为代表的市场激励型环境规制,依靠市场竞争和价格机制引导企业采取行动以适应社会性规制的客观需求,将环境因素内生于企业生产函数中。该规制手段有如下优点:其一,考虑了企业的减排成本,利用市场力量对污染排放进行定价,有效配置了排污者的减排成本,将环境保护支出等外部性成本纳入企业内部投资决策进行考虑,使得企业愿意进行技术创新,增加环境投入,影响更为广泛;其二,由于市场对于信息的收集方面具有绝对优势,无需再费人力物力集中分析信息,因此实施成本更低;其三,市场激励型环境规制政策对排污者环保技术创新往往具有正向引导效果,可以持续鼓励企业进行环保支出。这类环境规制大体有如下几种类型。

1. 排污费

我国于1979年发布了《中华人民共和国环境保护法(试行)》,这是我国首次在法律层面上提出排污收费制度。1982年,国务院发布《征收排污费暂行办法》,确立了"谁污染,谁治理"的原则,这标志着我国排污收费制度正式确立。2003年,国务院发布《排污费征收使用管理条例》(以下简称《条例》),替代了原来的《征收排污费暂行办法》,将所征得的排污费一律上缴财政,并纳入财政预算。《条例》改原先的超标收费为排污即收费;而且由原来的污水、废气超标单因子收费转变为按污染物的种类、数量以污染当量为单位实行总量多因子收费。2004年,《关于调整排污费征收标准等有关问题的通知》又上调了排污费的征收标准。这些发展一步步完善了排污费的制度体系,规范了排污费的征收和使用,加大了对排污行为的整治力度。

排污费是环境执法的重要手段,在建设绿色生态环境、提高公众的环保意识等方面发挥了积极作用,但是排污费本身也存在着一些缺陷,比如,排污费制度层级不高、规定分散,且强制性不足都会导致征缴不足;排污费制度的法律来源比较分散,《中华人民共和国环境保护法》《中华人民共和国水污染防治法》《中华人民共和国大气污染防治法》《中华人民共和国固体废弃物防治法》《中华人民共和国海洋环境保护法》等基本上都有关于对排污收费的规定。因此,排污费改税势在必行。

2. 环境税

2015年6月,国务院法制办发布了《中华人民共和国环境保护税法(征求意见稿)》,向社会公开征求意见,并于2016年通过《中华人民共和国环境保护税法》,明确了计税依据、应纳税额、税收减免和征收管理,自2018年1月1日起施行。该法是我国第一部体现"绿色税制"的法律,契合了国家环保法治强化的趋势,代表着我国排污费改税进入新阶段。其根据应税大气污染物、应税水污染物、应税固体废物以及应税噪声的污染物排放量、污染当量值、污染当量数和税额标准"四项指标"计算应税额。

环境税的目的是让排污单位承担必要的污染治理与环境损害修复成本,并通过"多排多缴、少排少缴、不排不缴"的税制设计,发挥税收杠杆的绿色调节作用,引导排污单位提升环保意识,加大治理力度,加快转型升级,减少污染物排放,助推生态文明建设,为人民创造良好的生产生活环境,它的开征进一步完善了我国绿色税收体系。

3. 排放权交易

排放权也称为排污权，主要是指各个相关单位将环境污染物进行排放的合法权利。也可以说，排放权是排污企业获得环境保护监督管理部门批准的对于排放污染物的数量以及分配的额度。如果在行使排污权过程中，不会对其他权益比如环境权益造成影响，那么各个相关单位可以根据法律得到在适合的环境中排放污染物的权利。而排放权交易主要是指在国家标准允许的范围内，污染物的排放量可以通过货币交易的方法对排污量进行调整，达到控制污染及减排的目的。

中国排污权理论的研究始于20世纪80年代。国内的碳排放权交易理论发展还不够成熟，在原国家环保总局①统一组织下进行的排污权交试点工作在20世纪90年代才开始，早年已在七省市（北京市、天津市、上海市、重庆市、广东省、湖北省、深圳市）启动碳交易试点。中国的排污权交易市场自成立以来取得了较大的进展，现已成立并正在运行的有深圳排放权交易所、北京绿色交易所、上海环境能源交易所、天津排污权交易所等。

中国碳交易试点自2011年建立以来，覆盖20多个行业、近3 000家企业，累计成交金额超过100亿元。各试点省市在碳排放领域取得重大经验，实践探索不同地区碳交易的制度和机制，实现了碳排放总量和强度双降，通过法律法规形式完善碳交易行为，规范和保障碳排放权交易市场的有序发展。

4. 排污许可证

排污许可证主要是指需要排污的单位提出申请，环境保护行政主管部门接收到申请后，对相关排污单位进行检查，确定可以允许排放的污染物量，并发放凭证。排污许可证是经过环境保护行政主管部门许可的，可以大规模地使用。

---

① 2008年国家环境保护总局升格为国家环境保护部，2018年，中华人民共和国生态环境部正式揭牌。

排污许可制也从源排放信息、初始排放权核定、排放过程监管及排放量核算等多个方面为排放权交易制度的实施提供支撑。国家发布了《固定污染源排污许可分类管理名录（2017年版）》，主要依据排污单位或企业污染物产生量、排放量和环境危害的差异，将78个行业和4个通用工序分为重点管理和简化管理两类。

(三) 其他类型

其他环境保护行为主要是公众参与和自愿参与。

公众参与是指具有共同利益或兴趣的公众为了自身的环境权益，通过信访、上访、投票、举报、请愿、参加听证会等方式表达自己对社会环境问题的意见和建议。我国在很长一段时间内，由于经济发展落后、相应的理论和实践基础缺乏、公众参与意识和能力较低，各领域内的公众参与水平都比较落后。近20年来，随着我国政治、经济和文化实力的大幅度提高，人民的民主意识不断提升，社会利益多元化程度逐渐加深，越来越多的公众积极参与到与自身利益相关的公共问题中来。

1989年颁布的《中华人民共和国环境保护法》将自愿参与环境保护行为纳入法律框架，初步规定了污染和破坏环境行为的检举权和控告权。2014年新修订的《中华人民共和国环境保护法》进一步对公众参与环境保护作了明确的法律界定，详细规定了公众享有获取环境信息、参与和监督环境保护的法定权利。2015年我国专门就公众参与环境保护的方法制定法律，再次对公众参与环境保护作出了具体说明。之后出台的环境保护的相关法律法规中格外注意到保障公众参与权和公众环境保护知情权、参与权、表达权、监督权的规定，例如，2018年修正的《中华人民共和国循环经济促进法》，同年修正的《中华人民共和国环境影响评价法》，2019年施行的《中华人民共和国土壤污染防治法》和《环境影响评价公众参与办法》，均进一步落实了公众参与环境保护的相关权利与义务。

由于公众参与这一"软手段"而产生的社会压力和公众监督,一方面提升了地方政府对规制政策的执行力度,另一方面也促进企业为树立良好的企业形象而进行绿色技术创新、绿色产品创新、生产方式整改等,进而改变了政府在环境问题上规制政策失灵的现状。

三、国外环境税概况

国外环境税发展时间较长,1980年前重在研究,到1980年后逐渐全面开展并实施。国外环境税税种繁多,征收管理力度较强,特别是一些发达国家在20世纪末就已进入环境税的完善阶段。环境税经历了不断的改革与完善,取得了较好的环保效果。过去几十年,发达国家环境税占比基本维持在4%~10%,已经成为财政税收的固定税源。通过征收环境税,纳税人自发进行污染控制,从而使环境污染得到有效治理。在许多发达国家,对污水征收的环境税旨在防止和最大限度地减少水污染,并且在某种程度上还有助于为适当的水回收设施提供资金。

初期开征环境税的国家多是针对某些特定污染物,如废气、废水、固体废弃物和二氧化碳等,分税目单一征税。当前世界上有34个国家开征水污染税,其中31个国家为全境开征,其余3个国家为部分开征,名称主要为"水污染税""废水费""排污费"等。20世纪90年代以来,很多国家对两类及两类以上的污染物进行合并征税。如1998年污染行为综合税被引入法国,征税对象包括大气污染、飞机噪声和特殊工业垃圾等多种污染物。在降低碳排放方面,税收自20世纪90年代开始在全世界范围内发挥作用,征收二氧化碳排放税、能源税与碳排放交易等成为越来越多的国家减少碳排放的主要经济政策手段。芬兰、波兰、西班牙、日本等19个国家征收二氧化碳排放税。挪威、瑞典、日本等国家也对能源征税,其计税依据为基于碳含量的能源单位,形成二氧化碳税与能源税的混合税。

芬兰是最早开征碳税的国家,早在1990年,芬兰以每吨二氧化碳征收1.62美元的标准对各种燃料及电力征税,借用碳税的力量来抑制排污者向空气中排放过多的二氧化碳。经历了一段时间的发展,芬兰进一步改革了碳税税制,并增加了更多征税对象,以更加规范的制度来减缓气候变暖。伴随着碳税带来的积极效益,它成了环境税的一大方向,美国、英国、加拿大等多个国家纷纷开始征收碳税。

英国征收环境税较早,目前主要有气候变化税、垃圾填埋税、机场旅客税,以及碳氢油税等。20世纪90年代,英国对废物、废料、废渣等开始征收垃圾填埋税。进入21世纪,伦敦开始征收垃圾桶税,纳税人主要为居民。政府将芯片安装到垃圾箱中,可以将居民倾倒的垃圾准确记录下来,垃圾桶税根据垃圾分类按重量计征。英国政府为遏制气体排放,又开始对煤、天然气、电力等其他燃料开征气候变化税。英国征收环境税是循序渐进、不断完善的,环保部门运用电子科技进行监测,税务部门和环保部门分工协作,促使环境税在英国生态环境保护中发挥积极有效的作用。

德国的环境税在欧洲国家中较为完善,它的一大特征就是差别税率的实行,尤其是针对排放污水。该制度以排放达标与否为分界线,实行不同梯度的差别税率。德国的环境税多种多样,但征收对象的大方向主要是污水、废气、噪声以及垃圾。此外,德国还对城市生活环境设置了特别的税种,对环境污染具有明显的治理效果。

美国环境保护措施主要采取排污权交易方式,环保税作为辅助手段,也发挥着重要作用。美国联邦统一征收的环境税较少,基本由各州根据实际情况征收,也没有颁布统一的碳税法律。美国环境税的征税对象主要是气体排放物、水污染排放物和固体排放物等,在征税税率、税种等方面各有差异,例如,美国东南部的亚拉巴马州(Alabama)对旧轮胎征税的税率为1美元/个,美国中部的密苏里州(Missouri)对电池征税的税率为0.5美元/节。美国对环保税征管非常重视,将环保税收入纳入环境基金,由美国环保局统一支配,在美国对逃税行为打击力度较大的背景下,环保税应收尽收率较高,环保税对美国环境保护所作贡献较大。

俄罗斯非常重视对生态环境的保护。苏联解体后,俄罗斯在学习借鉴欧美发达国家经验的基础上,逐步推出了具有生态税收意义的生态基金。俄罗斯的环境保护法规定,生态基金设立与税制层次一致。单位或个人处理废渣废料、排放超标准的污染物等污染行为、生态违法行为的罚款都纳入生态基金,生态基金主要用于政府恢复生态功能,处理污染排放物。俄罗斯对生态基金的征收非常严格,对逃缴生态基金的处罚力度很大,因此一般企业和个人均能按照要求进行申报缴纳。

四、我国环境税发展情况

我国的环境税是由排污费发展而来,最初可以追溯到 1979 年颁布的《中华人民共和国环境保护法(试行)》。2016 年通过《中华人民共和国环境保护税法》并于 2018 年 1 月 1 日起实施,排污费正式更改为环境税,具体发展过程见表 1-1。

表 1-1 我国环境税发展过程

时间	相关政策
1979 年	第五届全国人大常委会第十一次会议通过颁布《中华人民共和国环境保护法(试行)》,排污费正式确立
1982 年	国务院颁布《征收排污费暂行办法》,由此排污费开始在全国实施
1989 年	第七届全国人大常委会第十一次会议通过《中华人民共和国环境保护法》
2003 年	国务院颁布《排污费征收使用管理条例》,进一步规范对排污费征收和使用管理
2015 年	国务院法制办首次公布了《中华人民共和国环境保护税法(征求意见稿)》,环境保护税正式提出
2016 年	第十二届全国人大常委会第二十五次会议通过《中华人民共和国环境保护税法》
2018 年	《中华人民共和国环境保护税法》正式实施

1979年至2018年前,环境税以排污费的形式存在,环境保护部门针对污染者向环境中排放的污染物以及超过国家或地方规定排放标准的污染物排放行为,按排放的污染物种类、数量及浓度征收一定费用。排污费政策作为整个环境价格体系中实施最早、效果显著的一项行政事业性收费政策,在长期的实践进程中,不仅能够促进企业防治污染、筹集污染治理资金,而且能够有效加大环境监察执法力度。

2018年至今,为了更有效地进行环境保护,排污费转为以环境保护税的形式存在,国务院将环境保护税作为独立税种,以环境保护为主要目的,针对应税污染物进行强制性征税。

1. 排污费与环境税的差异

环境税是在排污费制度的基础上经过改革而提出的,实现收费向征税制度的转换,对纳税人、课税对象、计税依据、税收减免和征收管理等作了具体规定。排污费与环境税征收费用的污染物是一致的,均为大气、水、固体、噪声四类。但环境税与排污费也有一些不同之处,主要的区别如表1-2所示。

原有排污费只设立了一档税收减免,很多企业因为无法达到减免的标准而无法享受税收减免,这在一定程度上影响了企业减排的积极性。为了鼓励企业加强减排,新出台的环境税在此基础上又增加了一档税收减免政策,使得企业更容易满足减免条件,因此环境税将比排污费拥有更强的环保减排效果。此外,排污费属于行政事业性收费,在征管过程中,环保机构能够行使的法律权限有限,极易出现应征而实际未征的情况。环境税作为独立的税种,由税务机关征收管理,相较于排污费具有更强的执法力度和执法规范性,可以在一定程度上避免少缴、漏缴的情况发生。此外,排污费只对排放污染物的环节征税,不能起到提前预防和控制的作用,而环境税对产生污染行为的整个过程都征税,因此环境保护税比排污费更加能起到环境保护的作用。

表 1-2　排污费与环境税的差异

项目	排污费	环境税
法律位阶	《排污费征收使用管理条例》由原国家环境保护部负责起草，属于行政法规的范畴	《中华人民共和国环境保护税法》由财政部、国家税务总局和原国家环境保护部共同起草，并经全国人民代表大会常务委员会审议通过，具备最高位阶的法律效力
出台目的	为了加强对排污费的征收、使用和管理	为了保护和改善环境，减少污染物排放，推进生态文明建设
税收主体	排污费数额确定后，由负责污染物排放核定工作的环境保护主管部门向排污者送达排污费缴纳通知单。排污者应当自接到排污费缴纳通知单之日起 7 日内，到指定的商业银行缴纳排污费	环境保护税由税务机关依照《税收征收管理法》的有关规定征收管理
税收优惠	对排污者排放大气或者水污染物的浓度值低于国家或地方规定的排放标准 50% 以上的，减半征收排污费	纳税义务人排放应税大气污染物或者水污染物的浓度值低于国家和地方规定的污染物排放标准 30% 的，减按 75% 征收环境保护税；低于规定标准 50% 的，减按 50% 征收环境保护税
地方留成	排污费收入实行中央政府和地方政府 1∶9 分成模式，全部专项用于环境污染防治，任何单位和个人不得截留、挤占或者挪作他用	环境税全部作为地方收入，中央政府不再参与分成

资料来源：《中国税务报》。

2. 我国环境税征收及污染治理情况分析

（1）环境税税目税额表，如表 1-3 所示。

表 1-3　环境税税目税额表

税目		计税单位	税额（元）	备注
大气污染物		每污染当量	1.2~12	—
水污染物		每污染当量	1.4~14	—
固体废物	煤矸石	每吨	5	—
	尾矿	每吨	15	—

续表

税目		计税单位	税额(元)	备注
固体废物	危险废物	每吨	1 000	—
	冶炼渣、粉煤灰、炉渣、其他固体废物（含半固态、液态废物）	每吨	25	—
噪声	工业噪声	超标1~3分贝	每月350	一个单位边界上有很多处噪声超标，根据最高一处超标声级计算应纳税额；当沿边界长度超过100米且有2处以上噪声超标时，按照两个单位计算应纳税额。昼、夜均超标的环境噪声，昼、夜分别计算应纳税额，累计计征。声源一个月内超标不足15天的，减半计算应纳税额
		超标4~6分贝	每月700	
		超标7~9分贝	每月1 400	
		超标10~12分贝	每月2 800	
		超标13~15分贝	每月5 600	
		超标16分贝	每月11 200	

（2）近几年环境税征收情况。根据中华人民共和国财政部的数据，2018年全国税收收入总额为156 401亿元，环境税收入为151亿元，约占税收总收入的0.096%。2019年全国税收收入总额为157 992亿元，环境税收入为221亿元，约占税收总收入的0.14%。与2018年相比，2019年环境税税收同比增加46%，环境税占税收收入总额的比例也有所增长。2020年全国税收收入总额为154 310亿元，环境税收入207亿元，约占税收总收入的0.13%；2021年全国税收收入总额为172 731亿元，环境税收入为203亿元，约占税收总收入的0.12%。从这4年的数据来看，环境税占税收收入的比例从2018年的0.096%提升至2019年的0.14%之后，又有微弱逐步下降的趋势，但整体依然在0.13%左右，这说明环境税的征收日趋完善，环境税对我国税收的影响也逐渐加强。

第二章 环境税对企业行为影响的文献述评与理论基础

针对环境税的实施效果及其对产业的影响,国内外都有比较丰富的文献。国外环境税的核心内涵起源于外部性理论。国外关于环境税研究的经典理论为"双重红利"理论,众多学者试图验证环境税是否具有环境红利与非环境红利的双重效果。我国在实施环境税之前,已有众多学者探讨了环境税实施的必要性,还有很多学者研究了排污费改环境税这一制度变化对于企业节能减排的影响。

一、环境税国外研究述评

(一) 国外环境税研究进程

西方工业革命的推进使得西方在更早的时期就面临环境污染与经济发展的矛盾。自20世纪英国经济学家提出环境保护税的概念以来,西方学者对于环境税的效果、影响等展开了广泛的研究。环境税的核心内涵起源于外部性理论的提出,此后西方学者也在环境税"双重红利"等方面展开研究。

1890年,阿尔弗雷德·马歇尔在《经济学原理》中提出了"外部经济"的概念,文中写道:"经济发展中出现的生产规模扩大,可以归因于两种原因,一是整体产业的普遍发展,二是个体经济体自身调配资源的能力增强和管理效率提高,我们把第一种叫作'外部经济',把第二种叫作'内部经济'。"外部性理论自此开始快速发展。

阿瑟·塞西尔·庇古受马歇尔的影响,吸取马歇尔理论的精髓,在此基础上提出了外部性理论。庇古(1920)把马歇尔研究的外部对企业的影响意义上的"外部经济"概念,转到了研究企业行为对周围其他企业和居民的影响,由此提出了在"私人收益与社会收益不一致,私人成本与社会成本不一致"意义上的外部性概念。外部性又分为两类,其中,正外部性指的是边际私人收益小于边际社会收益、边际私人成本大于边际社会成本的情况,负外部性指的是边际私人收益大于边际社会收益、边际私人成本小于边际社会成本的情况。对于存在的外部性问题,庇古(1950)提出了著名的"庇古税",成为解决外部性问题的有效方法。

庇古认为,当企业经济活动存在外部性时,政府理应发挥作用,使社会福利达到最大化状态。政府应当对发生正外部性的企业进行补贴,对于发生负外部性的企业进行征税。通过征税和补贴这两种经济政策,可以实现外部性的内部化。

罗纳德·哈里·科斯(1960)在《社会成本问题》中提出当交易费用等于零时,庇古的结论是不正确的,这是由于分配初始权利的方案并不能影响资源的配置情况,即资源最后都会得到最优配置,对于经济活动中的理性人而言,当交易成本为零,理性的经济活动主体在分析成本和收益问题时,会把溢出的成本和收益加以考虑,不存在社会成本问题。由此产生了著名的"科斯定理",其包含三个定理:第一定理是在交易成本为零的情况下,权利的初始界定不重要;第二定理认为,当交易成本为正时,产权的初始界定有利于提高效率;第三定理的结论是,通过政府来较为准确地界定初始权利,将优于私人之间通过交易来纠正权利的初始配置。

其后,关于环境税影响的经典理论被提出,即"双重红利"理论。一般认为,"双重红利"有两层含义:一是环境税的征收有助于改善环境,这是第一重红利(环境红利);二是环境税的开征可以减轻其他税种对市场的扭曲,提高效率,增加产出,甚至促进就业,这是第二重红利(非环境红利)。

(二)国外环境税的实施效果研究

征收环境税后,国外学者针对环境税的实施效果展开了相关研究,Bovenberg 和 Frederick(1998)调查了环境税改革的福利效应。他们发现环境税制改革不仅提高了环境质量,而且如果劳动力和资源之间的替代容易,固定要素的生产份额很大,资源和利润的初始税率较小,则不仅能提高环境质量,还能促进就业。Parry 和 Bento(2000)则研究发现,环境税收互换通常会加剧税收系统的成本,因此不会产生"双重红利"。Bayindir-Upmann(2004)研究发现,在刚性工资和非完全竞争的假设下,就业红利是存在的,而环境却可能恶化,即第一重红利不成立;而在劳动税负很高或将收入中很大部分用于有损环境的产品消费的国家,就业红利也很难实现。对于环境税是否能够提高环境质量,不同学者的研究得出了不同的结论。

White(2007)提出了印度尼西亚各级政府实施环境税的方法,作为纠正资源配置不当和负外部性,特别是环境保护和清理的机制。Agnolucci(2009)采用一种简单的计量经济方法来评估德国和英国引入的环境税改革的效果,并得出结论:环境税改革可以大幅减少能源消耗,但对就业水平的影响很小,这种影响可以是积极的,这取决于劳动力成本降低的规模和交叉价格弹性的价值。Cui(2012)研究发现环境税改革对日本社会经济产生了深刻影响,一方面,企业受到能源成本和价格的影响,另一方面,家庭被迫改变最终消费结构,经济效应可概括为激励效应、收入效应来源和公告效应。

Ekins(1999)发现在1987至1994年间,经济合作与发展组织(OECD)成员国使用的环境税和收费增加了50%以上。虽然环境税和环境收费带来的收入相对于总体税收而言仍然很小,但在大多数欧洲国家,它们所占的比例却在不断上升。一些欧洲国家已经或正在考虑系统地将税收从劳动力转移到使用环境资源。Verbeke和Coeck(1997)发现环境税收制度可能导致受影响企业尊重和支持公共环境政策的意愿降低。因此,从长远来看,环境税可能会导致不正当的激励和作弊行为的新策略。Bergström(2011)分析了21个经合组织国家10年来的数据,以调查监管是否确实对环境相关专利数量产生影响。研究表明,在环境税收和绿色创新之间没有总体统计上的显著相关性。然而,在一些国家发现了具有统计意义的积极影响。Gaigné和Tamini(2021)研究了环境税对环境商品贸易的影响,发现环境税(以环境税收收入与GDP之比衡量)对贸易伙伴的数量具有单调的积极影响。如果各国采用等于3.96%的环境税率,那么欧盟27国的环境商品贸易将增加25.33个百分点。

综上所述,对于环境税能否促进行业节能减排,外国学者的文献中有着不同的结论,部分学者认为环境税能够实现双重红利理论中的第一重环境红利,但也有一些学者发现在特定假设下第一重环境红利并不能实现。

二、环境税国内研究述评

(一) 国内环境税实施必要性及问题

首先,我们对国内学者关于环境税的实施必要性及出现的问题的研究进行梳理。一些学者针对费改税的合理性和必要性展开分析,如陈少英(2016)认为,税与费的本质区别实为"费代表权,税代表法",排污费本质上具有"准税收"性质。通过去费立税,环境保护税在落实税收法定、提高制度设计质量、体现程序正义和加强监督方面均更具优势,能够体现环境补偿、实现有效征收,更好地发挥环境保护职能。李凤鸣和杨昀(2019)基于环境保护费改税的政治、经济等六个因素详细分析了费改税的必要性。吴健和陈青(2017)认为,环境保护税法的出台填补了环境保护税收体系中排放税的空缺,进一步提高了税制绿色化的程度。《中华人民共和国环境保护税法》(以下简称《环境保护税法》)中"税负平移"的设计体现了渐进式制度改革的思想,既通过排污收费制度关键要素的平移来保持平稳过渡,又通过适当提高征收强度、正向激励和规范程度,实现了政策的改善提升。

还有一部分学者将着眼点落在环境税面临的问题并针对问题提出了建议,如曹静韬(2016)从庇古税的基本原理出发,分析了影响庇古税有效性的两个主要因素:信息的充分性和税收的成本。宋鑫等(2016)结合我国固体废物特点及管理现状,对征收固体废物环境税的意义、存在的问题进行了分析,并对研究建立适合我国国情的固体废物环境税制度提出了对策建议。刘长翠和王丽娜(2017)针对环境保护税的会计核算模式尚未确定的问题展开研究,其结合开征环境保护税对企业会计核算的影响,主要从环境保护税的账务处理和信息报告的视角进行探讨。付慧姝(2017)指出,公众对环境保护税的接受程度会影响到纳税人的税收遵从度,进而影响环境保护税功能的实现。

陈红彦(2017)指出,我国的环境税改革必须处理好工业污染治理与消费污染治理、行政手段减排与市场手段减排之间的关系,并根据环境税的不同类型采取对应举措。在时机成熟时,可考虑增加对流动污染源、挥发性有机物等污染物的规范。黄素梅和李佳鹏(2021)认为,环境保护税征管具有跨部门协作、征管要求高等特殊性,往往存在部门协作不到位、权责模糊不清等问题。其认为应修订相关规定,进一步完善环境保护税。

黄洪和张世敬(2020)认为,环境保护税还有可以进一步完善的地方,在税制方面应适时调整征税范围,优化应纳税额的计算方法,完善税收优惠政策;在征管方面应大力推广自动监测设备并简化物料衡算方法,加大生态环境部门与税务机关的协作力度。张风帆和纪明(2019)认为,我国环境保护税征管过程中存在着纳税人认定不明晰、涉税风险管理不足、缺乏有效的减免税政策等诸多问题,我国应该加强环境治理力度,从确保环境保护信息监督数据的严谨性、运用大数据强化涉税环境保护信息分析、完善环境保护税争议处理机制、建立多部门的生态环境损害责任追究协作机制四个方面着手,完善中国环境保护税的征收管理。

(二)国内环境税的实施效果研究

我国大量学者研究了排污费改环境保护税的效果。如林思宇等(2016)基于小微企业的视角,研究发现通过参考污染治理成本来设置税率,小微企业能够承受税负。卢洪友和朱耘婵(2017)实证检验了我国环境税费政策对节能减排、经济增长以及要素收入分配的影响效应,发现我国融入型环境税费制度安排对环境改善的作用非常微弱,征收环境税费对促进经济转型和优化产业结构具有正向作用。

龙凤等(2018)从提标幅度、税收优惠政策等方面分析了排污费改税对企业负担可能产生的影响,经分析认为环境保护税对企业负担整体影响不大,但对排污费缴纳不规范或污染治理投入少的企业影响较大,并从鼓励第三方市场机构介入,对环境保护税实施进行跟踪调查,逐步调整税额标准等方面提出建议。

卢洪友等(2018)基于2005—2014年中国省级以下排污费征收标准的改革实践,研究环境保护重点城市排污费征收标准变化对工业污染排放的影响。结果表明,提高污染物的环境保护税税负对相应污染物的影响存在异质性,对工业二氧化硫、氮氧化物和工业氨氮存在抑制作用,而对工业化学需氧量存在反向"负激励"作用。

于连超等(2019)考察了环境税对企业绿色转型的影响及影响机制。他们研究发现,环境税会有效地倒逼企业绿色转型。环境税倒逼企业绿色转型的渠道,在于环境税通过提高企业合法性压力和增加企业成本黏性,进而有效地倒逼企业实现绿色转型。高歌(2019)研究了各种环境政策工具的实施效果,分别从影响产业转移、绿化企业经济和推动绿色技术创新等方面进行梳理,同时将各种政策工具的实施效果加以对比,分析环境政策严格程度的影响。

此后于连超等(2021)使用双重差分法考察了环境保护费改税对重污染企业绿色转型的影响。他们研究发现,环境保护费改税显著地促进了重污染企业绿色转型。环境保护费改税主要通过施加更强的环境合法性压力促进重污染企业绿色转型,这有助于从根本上改善排污费执法力度不够、行政干预过多和规范性缺乏等问题。当融资约束程度较高、委托代理成本较高、内部控制质量较低时,环境保护费改税对重污染企业绿色转型的促进作用会弱化。曾先峰等（2019）研究发现，单独征收资源税或者环境保护税将对宏观经济产出带来负向影响，但两种税均能抑制废弃物排放。资源税主要通过抑制企业投资对宏观经济产出产生负向影响，而环境保护税主要通过抑制消费和企业投资影响产出。与环境保护税相比，资源税对宏观经济产出具有更显著的负向影响；与资源税相比，环境保护税能更有效地抑制废弃物排放。与单一政策相比，同时征收资源税和环境保护税对产出和排放废弃物的抑制作用更显著。

一些学者从企业技术创新角度，探究环境税的效果。毕茜和于连超（2019）考察了环境税对企业技术创新的影响。他们研究发现，环境税会显著地促进企业技术创新；环境税的企业技术创新效应呈现滞后性特征；环境税的企业技术创新效应呈现高质量化特征。考察影响机制后发现，环境税主要通过提高行业竞争程度促进企业技术创新。温湖炜和钟启明（2020）发现环境税费征收标准调整对企业绿色技术创新的广延边际和集约边际都存在显著的正向影响，支持"波特假说"。芈斐斐和张自力（2020）发现，较高的环境税对企业创新产出具有显著的促进作用，并且更高的环境税对低污染行业、私营企业和大型企业的创新具有更显著的影响。崔也光等（2021）研究发现，实施环境保护税能够显著提高重污染企业自主技术创新水平。甄美荣和江晓壮（2021）发现，在不同的环境税征收水平下，企业对于绿色产品创新和绿色工艺创新有着不同的偏好。

部分学者从企业产能利用率角度，探究环境税的实施效果。韩国高和王昱博（2020）发现，征收环境税能够明显提高制造业产能利用率，有助于解决产能过剩问题。于连超等（2021）研究发现，环境保护费改税显著提升了企业产能利用率，且随着时间的推移，这种提升作用不断增强。其进一步探索影响机制发现，环境保护费改税主要通过抑制企业过度投资和促进企业技术创新来提升企业产能利用率。

一些学者从环境税对产业结构调整的作用来分析其效果。徐文成和毛彦军（2019）研究发现，环境税实施会减少污染密集行业的产出，增加清洁行业产出；与此同时，环境税的实施还使得污染密集行业的有效人力资本供给向清洁行业进行动态转移，即环境税实施存在显著的产业结构调整效应。

（三）国内环境税的制定研究

对于现行环境税的制定，众多国内学者展开了研究。在税率方面，王有兴等（2016）发现，排污费收入较低，无法满足环境治理支出需要；工业废水和废气的测算税率是实际执行《中华人民共和国环境保护税法（征求意见稿）》中税率的 9.7 倍和 5.28 倍；东部、中部、西部及东北部地区工业废水和废气的税率设置应有不同程度的提高，且东部地区税率应高于其他地区。涂国平等（2018）研究发现，环境税率动态调整是必要的；适当降低经济指标权重并提高环境指标权重能有效提高排污企业采取完全治污策略的概率，生产规模较小以及初始治污力度较高的排污企业最终采取完全治污策略的概率较低。林思宇等（2018）发现，无论是基于行业废水平均治理成本制定环境保护税税率，还是考虑边际治理成本提高的情况下制定环境保护税税率，对行业大部分企业利税影响率均小于 5%。而且基于行业治理成本征税，有利于淘汰行业中高污染的落后产能，促进行业整体资源优化配置，从长远来看有利于整个行业的发展。

魏思超和范子杰（2020）研究发现，同一个环境保护税率无法同时实现经济产出最大化和社会福利最大化的目标，这意味着在高质量发展阶段政府需要抛弃以经济增长为中心的政策思路，转而以社会福利最大化为目标确定最优的环境保护税率。政府提高环境保护税率，可以实现由经济产出最大化向社会福利最大化的转变。田翠香（2020）研究发现，企业采纳绿色技术的效益随着税率的提高呈非单调变化，税率过低或过高均不利于企业开展绿色技术创新。环境税税率大于边际减排成本，是环境税政策激励企业开展绿色技术创新的必要条件;而税收优惠的制度设计,则显著提高了对清洁生产技术创新的激励作用。

在税种方面,刘宇等(2017)基于环境 CGE 模型,引入环境收益—经济成本指标,研究面对相同的减排效果,如何征收环境税对中国的经济影响最小。仅考虑环境税应税污染物的减排效果,同时对二氧化硫(SO_2)和氮氧化合物(NO_x)征税带来的 SO_2 和 NO_x 减排量最大。但是,综合考虑环境税的经济代价和环境减排收益,面对相同的经济代价,对 SO_2 征税的减排效果最优。

在税额方面,张伊丹等(2019)通过多元线性回归分析,验证了各地区税额与空气质量、经济发展水平、氮氧化合物(NO_x)排放量、化学需氧量(COD)排放量呈正相关关系,而与二氧化硫(SO_2)和氨氮排放量不存在显著关系。

在税制方面,包健(2020)认为,税制绿化度的提高,有利于抑制废水排放,但税制绿化度处于 0.153~0.168 区间才会抑制废气排放。我国当前的税制绿化度低于 0.1,未起到抑制废气排放的作用。因此,为了充分发挥税收对环境污染的抑制作用,建议适当提高税制绿化度,如适当调高环境保护税税率、开征碳税等。郎威和陈英姿(2020)认为,面对现行绿色税收体系尚不完善、定位相对模糊、税种税率间协调配合不足的问题,未来的绿色税收体系改革应着重税制的系统性平衡,推进多税种、差别化税率的相互协调配合,促进形成有利于区域间生态合作的税制协调机制。

在税收优惠方面,根据《环境保护税法》等相关法律法规,税收优惠政策主要有减免和返还两种形式。刘田原(2020)认为,基于税收优惠政策可以促进污染企业技术升级和调整国家经济发展方向,美国以及欧盟各成员国家在征收环境税时,都根据实际情况制定了不同的税收优惠政策,在保护环境的同时也促进了经济的稳定发展。

国内学者的研究通过对多地区及各个行业的数据进行分析,从多角度探讨了环境税制度目前存在的问题、实施的优劣势以及环境税产生的影响，丰富了我国环境税的研究成果。但是，受制于环境税在我国实施的时间较短，在我国环境税研究领域仍有一些研究较少的部分，亟待学者进一步分析研究。

三、环境税对企业行为影响的理论基础

(一) 产权理论

现代产权理论来自美国芝加哥大学的著名经济学家罗纳德·哈里·科斯的"科斯定理"。概括来说就是：在交易费用为零的世界里，当事人各方之间的谈判将会带来财富最大化的制度安排，而这种状况与权利的初始配置无关。但现实生活中，交易成本不为零，不同的权利界定会带来不同的效率配置。因此，产权的界定和交易成本的高低对市场的运行具有非常重要的意义。

环境是一种具备非排他性的公共资源，因此其产权难以明晰界定，无法明确某个个体或组织的污染排放权利，因此造成市场失灵，产生环境污染的负外部性。在缺乏相应约束机制的情况下，一个工厂为了私利会不顾污染地进行生产，因为排放的空间是共有的，私人成本低于社会成本，多出的部分由社会来承担。自然资源的公有制的实现形式是我国环境污染产生的重要的制度原因。长期以来，自然资源的公有产权归属模糊。虽然《宪法》第九条规定了"矿藏、水流、森林、山岭、草原、荒地、滩涂等自然资源，都属于国家所有"，但实际上这种抽象静态的"公有权"缺乏可操作性，在地方上蜕变成了条块分割、缺乏配套的环境管理机制和权力监督机制，造成监督乏力，资源被破坏性地开发和利用，甚至变成了权力寻租的工具。自然资源被低效率地配置和使用，进而造成环境的浪费和严重污染，可以说，产权的缺失是造成我国环境问题的主要原因。

(二）外部性理论

外部性的概念最早由阿尔弗雷德·马歇尔提出,1890 年,他在《经济学原理》一书中指出,扩大一种商品生产规模的经济方式有两种:一种是依赖于产业普遍发展的"外部经济",另一种是依赖于个别企业本身资源、组织和经营效率的"内部经济"。此后,1920 年,阿瑟·塞西尔·庇古在《福利经济学》中对外部性问题进行了深层次阐述。他在马歇尔提出的"外部经济"概念上进一步补充了"外部不经济"的概念和内容。他提出了"内部不经济"和"外部不经济"的概念,并从社会资源最优配置的角度出发,应用边际分析方法,提出了边际社会净产值和边际私人净产值,最终形成了外部性理论。

按照庇古的观点,私人成本和社会成本的不一致使得市场配置资源的机制失去作用,因此私人的最优并不是社会的最优,因此,政府可以借助征税或补偿两种途径去矫正经济当事人的私人成本。这种通过政府干预纠正外部性的方法也被叫作"庇古税"。

(三）"双重红利"理论

1932 年,庇古在有关论述中,率先反映了环境税的"双重红利"理念:"环境污染会产生负的外部性",而环境税则能有效地矫正"负外因"改善和优化资源分配,从而使其具有双重效应。

税收"双重红利"的内涵是指,政府借助开征环境税的手段,使税收的税率恰好等于排污造成的边际外部成本,遵循"谁污染,谁承担"的原则,使污染主体成本上升,鼓励企业开发研究环保新技术,推动行业应用环保新技术,从而使环境质量得到改善,这就是第一重红利,即"绿色红利"。此外,在开征环保税的基础上,对与其相关的税收体制进行结构性调整,甚至在政府财政收支方面也相应地调整,通过税收的替代效应和收入效应,"双重红利"效应相应地影响其替代产品和互补产品的供求结构,从而影响产业布局,提高资源的分配效率,也就是第二重红利,即"蓝色红利"。

(四) 利益相关者理论

利益相关者理论最早由爱德华·弗里曼在其1984年出版的《战略管理:利益相关者管理的分析方法》一书中明确提出。该理论认为企业利益相关者不仅包括企业股东、债权人、雇员、消费者等,还包括政府、居民、媒体等,甚至包括自然环境等,这些相关者均会受到企业经营活动的直接或者间接影响。企业需要承担环境保护的责任,以此来向利益相关者传达企业主动履行环境社会责任这一积极信号,从而提升企业利益相关者的信赖感,提高企业在行业中的竞争力。在环境污染愈发严重的今天,如果企业可以主动关注环境利益相关者的利益,将有助于企业声誉的提升。从企业角度来看,企业环境价值就来源于企业环境保护决策。

(五) 可持续发展理论

可持续发展理论的首个定义来源于联合国世界环境与发展委员会[①]发表的《我们共同的未来》,可持续发展是一种既能满足当代需求,又不损害后代人需求的发展。这一概念明确了可持续发展的含义。

可持续发展定义包括"需求"和"限制"两大主要因素。需求即解决贫困人民的基本需求。限制主要是指限制对将来的环境造成的损害。可持续发展的关键在于:

(1) 通过重新分配收入,保证自然资源不会因满足人类的短期生存需求而枯竭。

(2) 降低穷人因自然灾害和农产品价格降低而遭受的风险。

(3) 为实现可持续,全体人民应均能平等享有基本生活环境。

---

① 世界环境与发展委员会是联合国于1983年为写作以书籍形式提交的调查报告而成立的一个组织,1987年宣布解散。

1992年6月,联合国召开的环境与发展大会表决通过了《里约环境与发展宣言》等文件,可持续发展理念成为与会者的共识。之后,我国拟定了《中国21世纪议程——中国21世纪人口、资源、环境与发展白皮书》,第一次将可持续发展战略放在重要位置。1997年,党的十五大在我国"现代化建设中必须实施的战略"中列入可持续发展战略。2002年党的十六大将"可持续发展能力不断增强"作为全面建成小康社会的目标之一。

习近平总书记曾经指出,可持续发展是社会生产力发展和科学技术进步的必然产物,是破解当前全球性问题的"金钥匙"。习近平总书记的"可持续发展"思想,为我们指明了一条全新的可持续发展道路,它为深入认识可持续发展问题提供了中国智慧,也为中国的可持续发展实践积累了宝贵的经验。

2021年9月21日,习近平总书记在第七十六届联合国大会一般性辩论上的讲话指出,完善全球环境治理,积极应对气候变化,构建人与自然生命共同体。加快绿色低碳转型,实现绿色复苏发展。中国将力争2030年前实现碳达峰、2060年前实现碳中和,这需要付出艰苦努力,但我们会全力以赴。中国将大力支持发展中国家能源绿色低碳发展,不再新建境外煤电项目。这些重要论述对可持续发展进行了科学的诠释,为我国可持续发展提供了理论依据。

第三章 环境税对企业节能减排与技术创新的影响机理

由理论基础分析及相关文献回顾发现,环境税对企业节能减排以及技术创新的影响是通过多种机制综合作用的。那么,环境税对企业技术创新具体影响如何,发挥其对绿色技术进步促进作用的条件有哪些?分析环境税对企业节能减排与技术创新的作用机制对后续研究具有重要意义。在借鉴国内外学术成果的基础上,本部分将从环境规制对于企业投资决策、技术创新以及企业成本的影响作用分别进行分析阐释。

一、环境规制与企业投资决策

企业所有投资决策包括生产技术的选择、污染治理设施的购置、资金来源的协调等,都会受到环境规制的影响,因为这些决策都属于企业的经营活动决策,通常都会面临不同的政府措施、法律环境的影响。影响企业投资决策的理论假说有以下几种,分别是"污染天堂假说""要素禀赋假说""古典经济学挤出理论"与"波特假说"。

"污染天堂假说"认为,为避免较高的环境遵守成本,企业倾向于将生产经营活动选择在环境标准较低的国家或地区,造成污染密集产业的企业倾向于建立在环境标准相对较低的国家或地区,这些国家或地区会变成污染的天堂。其主要原因是严格的环境规制会增加企业生产成本、延迟企业投资,从而导致竞争力的丧失,企业针对环境规制大都采取逃避性的行为,显然这个假说认为环境规制对企业投资具有负面影响。

"要素禀赋假说"认为,资源的丰富性能够提高企业生产的可能性,只要要素禀赋即企业所拥有的并能用于生产的各种生产要素投入的优势,高于相应的环境遵守成本,并能从大量的投入要素中获取收益,企业就可以接受严格的环境规制。这也就是说,当环境遵守成本低于环境规制所带来的禀赋收益时,严格的环境规制对企业投资决策产生正面影响;相反,若遵守环境规制的成本相对较高,甚至环境规制所带来的禀赋收益不能弥补环境遵守成本，企业就没有投资的积极性，此时环境规制对企业投资形成负面影响。

早期学者将新古典经济学理论引入企业创新领域，形成了"古典经济学挤出理论"。该理论的核心观点是：环境规制会将环境污染问题企业内部化，在技术资源条件不变的前提下，环境规制会提高企业的运营成本，挤占企业的部分研发资金，导致企业研发投入减少。

新古典经济学基于完全理性人假设，分析环境规制对企业创新活动的影响。新古典经济学认为，企业在相同的市场环境中，依据相同的行为准则进行生产、研发等活动，在一定时间内，企业所拥有的生产要素基本是固定不变的，企业的技术水平也无法在短时间内大幅提升。因此，环境规制必将导致企业外部性成本内部化，这会加大企业的运营成本，从而抑制企业的研发投入。

在这样的理论框架下，环境规制可以通过三个方式影响企业的研发行为。一是在资金有限的情况下，企业需要把资金投入污染税费的缴纳，增加了企业的财务压力。二是企业的内部管理与生产运营需要考虑污染带来的税费等的影响，这又进一步导致企业管理费用增加，利润降低。同时，企业管理者关注企业长期战略发展的精力被控制排放和维持运营的相关事务分割。三是结合"污染天堂假说"，为了降低环境遵守成本，企业会向环境规制强度较低的地区转移，但这一行为反而带来了巨大的迁移成本，进一步减少了企业的利润和可支配收入。但无论是哪种方式，环境规制都必然会提高企业的生存成本，从而进一步降低企业投资水平。

"波特假说"是哈佛大学商学院迈克尔·波特教授提出的，他认为环境保护与经济增长并不是传统观念中此消彼长的关系，而是可以双赢的关系。他认为适当的环境规制不会对企业技术创新带来负面影响，相反会通过倒逼机制激励企业加大绿色技术研发投入，研发更为清洁高效的新技术并运用到生产过程中，所形成的收入增量可以部分甚至全部抵消规制成本。

在"波特假说"提出之前,经济学家们一直认为严格的环境规制虽然会对生态环境保护带来积极的影响,但同时也会降低企业的市场竞争力,不利于企业的发展。但是"波特假说"却提出了一种全新的可能性。在环境规制下,虽然短期内企业的成本会上升,表现在环保设施投入增加及开发更为清洁的生产技术等方面,但是长期来看,对于清洁生产技术的研发投入会从技术创新、产品生产效率提升等方面为企业带来更多的经济效益。

以上几种假说虽未就环境规制对企业投资决策的影响达成一致的结论,但是都表明,环境标准严格程度、环境规制完善程度、企业遵守成本等会对企业的技术创新投资具有复杂的影响。

二、环境规制与"创新补偿效应"

随着国内外学者对"波特假说"的研究不断深入,很多细分方向产生。目前学界对于"波特假说"的研究现状主要可以分为三大类:第一,"狭义波特假说"强调某些类型的环境规制对企业技术创新的贡献,特别是基于经济手段的灵活规制政策,是影响企业创新能力提升和研发投资增长速度的重要因素。第二,"弱波特假说"认为环境规制政策将刺激某些特定类型的技术实现革新。第三,"强波特假说"认为环境规制政策可以促进企业绿色技术创新,而绿色技术创新所带来的收益要大于额外支出的监管成本,也就是说,环境规制可以提升企业竞争力,增强企业绩效。

由上述描述的"波特假说"具体展开,假说阐述了环境规制的六类作用,包括揭示企业资源利用效率的非最优状况、通过环境信息披露迫使企业提高环境意识、传递政府对环境治理的重视、直接要求企业改进技术、避免企业投机性手段以及避免企业因成本过高放弃环境治理相关技术研发等。但波特的核心观点是环境规制引导下的技术创新可以产生"创新补偿",有效抵消环境规制为企业带来的合规成本负担。

具体来说,环境规制会使得企业承担更为昂贵的生产成本,这一成本效应使得清洁型企业相较于污染型企业更有成本优势,最终导致污染型企业的产品市场份额缩减,利润下降。在这样的情况下环境规制会倒逼企业将资金投入增加环保设施的建设、开发更为清洁的生产技术以及对现有生产工艺与流程的绿色改造,努力转变为清洁型企业,增加单位排放污染物的产值,能够因此部分或者全部地抵消为满足环境规制标准而发生的成本,即获得环境规制的创新补偿,提高企业的利润率。

根据创新理论分条件来看,企业创新可以分为研究和开发两个步骤,企业从增加研发投入到获得研究成果,再到成果开发和市场化的过程中会产生滞后效应,企业很可能无法很快产生"创新补偿效应",此时新一轮环境规制又已展开,导致企业需要支付相关税费。在这一情况下,增加研发投入会给企业带来巨大风险,企业选择增加环境遵循成本,从而产生挤出效应,不利于绿色技术的创新。但随着环境规制强度的增加,企业所要支付的污染治理成本也就越高,企业对排污成本的承受力下降,加之自身发展的需要,企业希望从创新中产生"创新补偿效应",此时环境规制的实施更能激发企业进行生产与环保技术的创新和升级,其产生的补偿能够部分或者全部抵消企业因环境规制的实施而引致的环境成本,从而提升企业的绿色技术创新能力。

虽然现阶段在"波特假说"的研究层面和结论上存在差异,但总体上随着时间的推移,更多的学者倾向于认为环境规制在引发企业创新活动、提升生产效率方面具有积极作用,存在"创新补偿效应"。

三、环境规制与企业成本

环境保护税对企业成本的影响可以从多个角度进行解释。如果从外部性理论来说,一方面,环境规制的实施增加了企业生产经营过程中环境污染的直接成本,有助于内化企业环境污染的外部性问题,推动企业环境治理;但另一方面,企业生产过程中即使造成了环境污染,这种负外部性无需企业单独承担相应的环境污染成本,与此同时,企业环境治理则存在正的外部性,这意味着企业需承担环境治理行为的所有成本,却不能独享收益,存在一定的利他特征。环境的外部性特征导致企业环境治理支出的成本和收益存在失衡,不符合股东利益最大化的企业目标,从而使得企业通常缺乏足够的动机进行环境治理。

通过征收环境保护税的方式,使得企业的环境污染行为存在着较高的环境遵循成本,这就在一定程度上内化了环境污染的外部成本,缓解了企业环境污染的负外部性;而同时由于企业积极的环境治理行为有助于规避环境规制的合规成本,这也在一定程度上平衡了企业环境治理的成本收益失衡的问题,提高了企业环境治理的正外部性,企业更倾向于增加投资,创新绿色技术,激发了企业环境治理的动机。

如果从"环境遵循成本假说"与"波特假说"理解:"环境遵循成本假说"是基于静态分析的视角,认为在规制实施之前技术水平、资源配置和企业需求均已达到了稳定状态,企业已经在成本和收益之间作出最优选择,环境规制的引入只会增加企业的成本负担,产生环境遵循成本效应,这种负效应将会削弱企业创新能力,进而影响企业竞争力。而"波特假说"观点认为,在动态经济框架中企业会对所处状况作出相应改变,即在环境规制增加成本时,企业会改变自身经营和创新模式,通过提高自身技术创新水平来应对规制,降低政策成本。一个企业能否加大节能减排、科技创新力度,其实质在于环境规制是否能够存在创新补偿效应,即投入企业工艺流程改造、创新绿色技术生产所带来的经济效益能否弥补甚至超过其付出的成本。可以推断,在环境税实施初期,当企业还在适应规制和调整自身生产方式的时候,环境规制对企业的技术创新产生负向影响。

如果从企业自身规模角度来看,对于具备一定规模的企业来说,由于其污染物排放量大,承担的环境规制成本高,污染环境的代价高,这些企业会更倾向于选择采取积极研发绿色技术、升级环保设备等措施来减少污染物排放,降低能耗。虽然这些举措短期内会导致企业环境治理投资大幅上升,增加企业的资金负担,但是从长期发展来看,绿色技术创新带来的节税利益和能耗优势有利于企业降低成本,提升综合竞争实力,在激烈的市场竞争中取得优势。

对于中小规模的企业来说,其污染物排放量少,承担的环境规制成本低,且受制于自身的资金规模,往往不会积极实施节能减排措施,而是通过其他途径降低这部分成本。例如,通过提高产品定价,将这部分成本转移到消费者身上。在这种情况下,企业逃避了因排放污染物而应当承担的治污责任,其边际私人收益大于边际社会收益,边际私人成本小于边际社会成本,企业的负外部性没有被纠正。根据"庇古税"理论,政府通过征税来纠正经济当事人的私人成本,如果企业只是环境税的"中介",那么环境税就无法纠正其负外部性,在这种情况下,环境税不能达到促进环境保护、减少污染物排放的目标。

因此在环境规制的实施过程中,还要考虑企业对环境规制内化成本相应的转嫁能力:当企业具有较高的成本转嫁能力时,如与客户较高的议价能力,或较高产品市场的竞争能力等,企业有能力和机会通过产品价格加成等方式,将环境规制内化的环境污染成本转嫁给下游客户或消费者,消费者实质上分担了环境规制内化的环境污染外部性成本,企业投资改进的动机就不会那么紧迫。

尽管企业在环境规制下的环境治理行为存在诸多好处,但由于在环境外部性的影响下,环境污染成本和环境治理收益失衡现象仍较为严重,不符合企业追求股东利益最大化的目标,因此对于成本转嫁能力较高的企业而言,其环境治理动机可能相对更低;与之相反,当企业的成本转嫁能力相对较低时,由于难以实现对环境规制实施过程中的有效成本转嫁,企业只能自身承担与环境污染行为相应的规制成本,环境规制压力相对更高。但是,由于积极环境治理行为不仅有助于提高企业环境绩效,缓解环境规制内化的环境成本压力,还能够提升企业的声誉形象,增加产品市场竞争力,故对于低成本转嫁的企业而言,环境治理的动机可能相对更高。

此外,相对于国有企业,民营企业对于环境规制的敏感性更高,这是因为民营企业的主要目标是盈利,任何成本的上升都会导致其利润空间缩小。因此民营企业在利益的驱动下会采取更积极的节能减排措施,增加对环保技术创新的资金支持,从而降低环境税带来的成本,控制生产成本,使利益最大化。

根据上述讨论,可以看出环境规制对不同企业在不同条件、不同环境下存在的影响有所差异,需要综合衡量。其本质就是一个寻找企业投资于改善环境污染的技术创新成本和环境规制带来的成本之间的平衡,以及创新绿色技术达到节能减排目标后的创新补偿,与投资于绿色技术创新带来的财务风险成本之间的平衡状态的过程。

第四章 环境税对电力企业的影响

国民经济中各行各业的生产经营与居民的日常生活都离不开电力。传统电力系统将自然界的一次能源通过发电动力装置转化成电力,再经输电、变电和配电将电力供应给用户。传统电力行业的高能耗、高污染等特征使得电力行业成为受环境税影响较大的行业。

一、行业及污染物排放情况

在经济较快速发展的背景下,社会用电需求量激增的趋势依然存在,而国家积极推动节能减排政策,使得电力行业节能减排的压力越来越大,这是目前电力行业节能减排工作的大环境。

电力企业包括火电、水电、风电和光伏发电等几种类型发电方式,其中,最为传统的火力发电占比最高,火电厂的污染源主要有粉尘、烟尘、噪音、废水、废气、固废等。针对这些污染源,电力企业依据相应的国家标准采取了一些措施,诸如隔音罩、综合利用、脱硫等。随着工业化和城镇化的高速发展,我国以煤为主的能源消耗持续攀升,大气污染物排放总量居高不下,大气污染防治工作面临着前所未有的压力。其中,火电行业依然是烟尘、SO_2 和 NO_x 等大气污染物排放的主要来源。

总而言之,电力行业是我国节能减排工作的重点和难点。对此,国家政府积极出台对应的节能减排方针政策,电力行业也积极响应号召,深入贯彻执行节能减排工作标准和规范。本章将分析电力企业环境税征收情况,及其对电力企业的节能减排、技术创新的影响。

二、电力企业环境税征收情况

本书调查电力龙头集团企业旗下上市公司的发电量与发电成本,情况汇总如表 4-1 和表 4-2 所示。

表 4-1 2020 年我国部分电力上市公司发电量

单位:亿千瓦时

上市公司	华电国际	华能国际	国电电力	上海电力
火电	1 897.19	3 865.51	3 035.02	406.67
水电	102.40	9.69	602.47	—
风电	64.10	141.04	132.94	49.89
光伏	9.48	23.91	3.19	34.71
合计	2 073.17	4 040.15	3 773.62	491.27

表 4-2 2020 年我国部分电力上市公司发电成本

单位:亿元

上市公司	华电国际	华能国际	国电电力	上海电力
火电	534.24	1 271.00	577.32	112.23
水电	10.73	2.16	30.88	—
风电	15.67	29.20	22.26	9.90
光伏	2.80	6.26	1.19	10.19
合计	563.44	1 308.62	631.65	132.32

资料来源:根据上市公司披露年报整理而得。

表 4-1 反映了这几家电力公司的发电结构,从中可以看出,火力发电的发电量远超水电、风电和光伏发电,占据了各公司发电量的主要部分。表 4-2 列示了这几家电力公司发电成本,从成本来看,水电、风电和光伏发电的成本主要来自机器设备的折旧费用,与核电同属于清洁能源,对生态环境污染较小。火电的成本主要来自燃料,通过燃烧燃料进行发电会产生二氧化硫等污染物,因而火电是各类电力公司造成污染排放的主要来源。

火力发电产生的污染性气体,主要包括二氧化硫、氮氧化物、颗粒物(烟尘和粉尘)、汞等。火力发电产生的水污染物主要包括灰场灰水、循环水排水、生活污水等。电力企业产生的固体废物主要为灰渣,包括粉煤灰和脱硫石膏。电力企业缴纳环境税目对应的主要为大气污染物、水污染物和固体污染物,其中大气污染份额是最大的部分。因为电力企业的发电厂往往设置在全国不同的各个地区,我国各个省市根据环境情况会设置不同的缴纳税率,因此大气污染物和水污染物的缴税税额往往会产生地方性差异,灰渣类缴纳的环境税税额为 25 元/吨。现将 2018 年至 2020 年 A 股主板电力企业上市公司披露所缴纳的环境税汇总如表 4-3 所示。

表 4-3　2018—2020 年部分电力企业上市公司环境税缴纳情况

单位:万元

上市公司	2018 年	2019 年	2020 年
华电国际	13 931	13 627	11 645
华能国际	25 658	25 910	22 914
国家电力	8 989	—	—
上海电力	2 120	1 941	2 107
内蒙华电	1 564	2 645	3 155
桂冠电力	399	505	196
金山股份	441	660	645
京能电力	2 640	3 878	5 071
天富能源	219	403	604
大连热电	120	52	44
华银电力	692	749	798
通宝能源	115	113	157
广州发展	406	364	340
三峡水利	20	29	32
福能股份	1 385	1 262	1 392
宁波热电	47	50	53
浙能电力	1 919	2 575	2 569
江苏新能	186	192	181

资料来源:根据上市公司披露年报整理所得。

从表4-3可以看出,18家公司中,缴纳环境税逐年增长的企业有6家,逐年下降的有3家,其他几家变化不大,也就是说有三分之一的企业缴纳的环境税是在逐年增加的。

三、环境税对电力企业节能减排的影响

这部分通过调查电力企业污染物排放情况、二氧化碳排放情况、火电机组关停和退役情况,以及电能替代情况,分析环境税对电力企业节能减排的影响。

(一)环境税下电力企业污染物排放情况

我国环境保护税的通过和排污许可制度的改革,一方面增加了生产成本,另一方面设置了污染排放额度,对全国各个行业的污染排放具有重大影响。根据电力行业发展报告,汇总出2015—2020年的单位火电发电量及电力污染物总排放情况,如表4-4和表4-5所示。

表4-4 2015—2020年单位火电发电量污染物排放情况

单位:克/千瓦时

污染物	二氧化硫	同比下降	氮氧化物	同比下降	烟尘	同比下降
2015年	0.470		0.430		0.090	
2016年	0.390	17.00%	0.360	16.30%	0.080	11.10%
2017年	0.260	33.30%	0.250	30.60%	0.060	25.00%
2018年	0.190	26.90%	0.200	20.00%	0.040	33.30%
2019年	0.187	1.58%	0.195	2.50%	0.038	5.00%
2020年	0.160	14.44%	0.180	7.69%	0.030	21.05%

资料来源:根据电力行业年度发展报告整理所得。

表 4-5　2015—2020 年全国电力污染物总排放情况

单位：万吨

污染物	二氧化硫	同比下降	氮氧化物	同比下降	烟尘	同比下降
2015 年	200		180		40	
2016 年	170	15.0%	155	13.9%	35	12.5%
2017 年	120	29.4%	114	26.5%	26	25.7%
2018 年	99	15.8%	96	17.5%	21	19.2%
2019 年	89	9.7%	93	3.1%	18	12.2%
2020 年	78	12.7%	87.4	6.3%	15.5	15.1%

资料来源：根据电力行业年度发展报告整理所得。

从单位发电量电力污染排放量来看，我国电力企业二氧化硫、氮氧化物和烟尘的单位火电发电量污染排放量在 2015—2020 年呈逐年下降趋势。2020 年的单位火电发电量二氧化硫排放为 0.160 克/千瓦时，较 2019 年下降 14.44%；单位火电发电量氮氧化物排放为 0.180 克/千瓦时，较上年下降 7.69%；单位火电发电量烟尘排放为 0.030 克/千瓦时，较上年下降 21.05%。2020 年单位火电发电量二氧化硫、氮氧化物和烟尘排放量均为历年最低值。从下降比率来看，2017 年单位二氧化硫排放和单位氮氧化物排放分别下降了 33.30%、30.60%，属于下降率最高的一年，单位烟尘排放在 2018 年下降比率达到最高为 33.30%。

从电力污染物排放总量来看，在发电量逐年上升的情况下，我国电力污染物排放在 2015—2020 年呈现逐渐下降态势，电力二氧化硫排放总量在 2015 年达到 200 万吨，到 2020 年降至 78 万吨；电力氮氧化物排放总量在 2015 年达到 180 万吨，到 2020 年降至 87.4 万吨；电力烟尘排放总量在 2015 年达到 40 万吨，到 2018 年降至 15.5 万吨。从下降比率来看，

2016—2018年下降均较快,其中2017年下降比率最高,二氧化硫、氮氧化物和烟尘的排放总量均下降了25%以上。

无论是单位火电污染物排放还是电力污染物总排放量,2017年与2018年污染物排放控制都取得了较好的成绩。在污染物排放量逐年下降的情况下,2018年的较上年下降比率依旧高于2016年。这种情况与环境税有很大的关系:环境保护税草案在2014年上报,2016年12月过审并在2018年1月1日开始正式实施,这对电力企业进行污染排放治理起到了推动作用。其使得企业在2017年加大对污染治理的投资,争取在2018年前控制单位火电污染物排放量,以减少成本,而这也是2017年与2018年火电单位污染物排放量大幅下降的主要原因。

(二) 环境税下电力企业二氧化碳排放情况

二氧化碳排放量的迅速增加是造成温室效应的主要原因,一系列严重的环境问题都与二氧化碳排放有关。我国的二氧化碳排放尚未列入环境税征收科目,在此列出2015—2020年二氧化碳的排放数据以对比环境税的污染物减排的效应,如表4-6和表4-7所示。

表4-6 2015—2020年电力行业累计减少二氧化碳排放量

单位:亿吨

年份	2015年	2016年	2017年	2018年	2019年	2020年
累计减少二氧化碳排放量	76	94	113	137	159	185
单年累计减少	—	18	19	24	22	26
变化率	—	23.70%	20.20%	21.20%	16.06%	16.35%

资料来源:根据电力行业年度发展报告整理所得。

表 4-7 2015—2020 年单位火电发电量二氧化碳排放量及变化率

单位:克/千瓦时

年份	2015 年	2016 年	2017 年	2018 年	2019 年	2020 年
单位火电发电量二氧化碳排放	850	822	844	841	838	832
变化率(±)	—	−3.30%	+2.60%	−0.40%	−0.36%	−0.72%
单位发电量二氧化碳排放	627	591	599	592	577	565
变化比率(±)	—	−5.70%	+1.30%	−1.20%	−2.53%	−2.08%

资料来源:根据电力行业年度发展报告整理所得。

我国目前的环境税征收税目表中并未设立二氧化碳排放征收税目,结合前文对比累计减少的二氧化碳排放量、单位发电量二氧化碳排放与二氧化硫、氮氧化物及烟尘的变化率,可以发现每年通过一定措施减少的二氧化碳排放量基本处于平稳状态,未征收环境税时的二氧化碳排放变动并不大,单位发电量的二氧化碳排放在 2017 年甚至有所回升。未在环境税税目表中的二氧化碳的排放情况与在环境税税目表中的二氧化硫、氮氧化物和烟尘的排放情况形成了鲜明的对比,从中可以发现环境税的实施对我国污染排放的影响很大。

(三) 环境税下电力企业火电机组关停和退役情况

火电是电力行业中污染排放较大的发电方式,在我国绿色发展过程中,每年均会对火电机组进行关停。火电机组关停和退役情况如表 4-8 所示。

表 4-8 火电机组关停和退役容量

单位:万千瓦

年份	2015 年	2016 年	2017 年	2018 年	2019 年	2020 年
容量	1 091	571	929	1 197	1 024	1 469

资料来源:根据电力统计年鉴整理所得。

从表 4-8 可看出,2015 年火电机组关停和退役容量高达 1 091 万千瓦,在 2016 年大幅下降至 571 万千瓦后,开始逐年递增,并在环境税实行的 2018 年再次上升至 1 197 万千瓦以上,成为近年火电机组关停和退役容量较高的一年。2020 年的关停和退役数量达到了新高。

(四) 环境税下的电能替代情况

电能替代指以电能代替一次能源的消费,包括以电代煤、以电代油。其方式是以电锅炉、水地源热泵、空气源热泵、蓄能互联热泵系统等电驱动方式替代燃煤、燃油、燃气采暖,以新能源电动汽车替代燃油汽车,利用峰谷电价政策进行"移峰填谷"变相蓄冷/储热平衡电网负荷,增大清洁能源、可再生能源使用比例。电能替代可以提高电气化水平、保障能源安全、保护生态环境。汇总 2016—2020 年我国电能替代规模统计情况如表 4-9 所示。

表 4-9　2016—2020 年我国电能替代规模统计情况

单位:亿千瓦时

年份	2016 年	2017 年	2018 年	2019 年	2020 年
替代量	1 079.00	1 286.00	1 558.00	2 065.58	2 252.10

资料来源:根据电力统计年鉴整理所得。

电能替代用污染排放相对较低的电能替换原有能源使用中污染排放较高的能源,以达到减轻污染排放的效果,同时使用电能替代对应的燃油燃气减少了污染排放,可以适当减少环境税的成本,尤其是在我国环境税税额逐渐上升后,这种减少成本的效果将会更加明显。2016 年开始电能替代受到国家重视,相关的政策和替代目标发布。从表 4-9 可以发现,电能替代成果逐渐上升,以 2017 年为例,全国累计替代电量 1 286 亿千瓦时,电能替代量减少了污染排放量高的煤和石油等一次能源的使用量,相当于减少碳粉尘排放 3 533 万吨,减少二氧化硫排放 390 万吨,减少氮氧化物排放 182 万吨,减少二氧化碳排放 12 953 万吨,这些减少的污染排放总量甚至达到了

2017年对应电力污染排放总额的多倍,减排效果非常可观。正是因为它的减排力度和环境税成本效果,故被企业所接受,并在近几年得到迅速发展。2020年前三季度的电能替代就超过了2018年电能替代的总额。因为数据较少,因此通过国家电网的电能替代成果进行进一步分析。2015—2020年国家电网电能替代规模统计情况如表4-10所示。

表4-10 2015—2020年国家电网电能替代规模统计情况

单位:亿千瓦时

年份	2015年	2016年	2017年	2018年	2019年	2020年
替代量	760	1 000	1 150	1 353	1 820	1 938

资料来源:根据国家电网社会责任报告整理所得。

电能替代在2016年受到国家重视,因此2016年较2015年的增速较快,替代的电能上升达到31.58%。此后2016—2018年三年增速平稳,每年增加了150亿千瓦时左右。当环境税于2018年正式开征后,环境保护税的成本显现出来,加上政策推出以及人们的环保意识的提升,使用电能替代对应的一次性能源变得更为划算。2019年电能替代更为企业和人们所接受,电能替代量迅速提升,国家电网电能替代量增幅较2018年达到34.51%,发挥了显著的减排作用。

四、环境税下电力企业技术创新情况

环境税增加了企业的成本费用,为了降低成本,企业可以进行绿色投资以减少环境税方面的费用。电力企业可以通过两种方式来降低执行环境法规的税费:一是通过调整发电结构,将化石能源发电比例降低,提高清洁能源所占发电比例;二是提高防污染技术,减少污染排放量。

(一)环境税下电力企业发电结构调整情况

环境税的开征将污染治理费用计入企业成本费用,电力企业的污染主要来自燃煤火电产生的二氧化硫、氮氧化物、烟尘等,而风电、水电、光伏发电和核电等属于清洁能源,降低成本的有效方式便是不断调整产业结构,向清洁能源转型。近年我国各种电力发电量以及增长率汇总如表 4-11 和表 4-12 所示。

表 4-11　2015—2020 年我国发电量统计

单位:亿千瓦时

年份	2015 年	2016 年	2017 年	2018 年	2019 年	2020 年
发电量	57 399	60 228	64 171	69 947	73 253	76 264
水电	11 127	11 748	11 931	12 321	13 091	13 553
火电	42 307	43 273	45 558	49 249	50 450	51 770
核电	1 714	2 132	2 481	2 950	3 487	3 662
风电	1 856	2 409	3 034	3 658	4 057	4 665
太阳能发电	395	666	1 166	1 769	2 238	2 611

资料来源:根据电力统计基本数据一栏表整理所得。

表 4-12　2016—2020 年发电量较上年增长率

年份	2016 年	2017 年	2018 年	2019 年	2020 年
发电量	4.93%	6.55%	9.00%	4.73%	4.11%
水电	5.58%	1.55%	3.27%	6.25%	3.53%
火电	2.28%	5.28%	8.10%	2.44%	2.62%
核电	24.39%	16.39%	18.90%	18.20%	5.02%
风电	29.78%	25.94%	20.57%	10.97%	14.99%
太阳能发电	68.61%	75.08%	51.71%	26.51%	16.67%

注:表 4-11 数据进行四舍五入后重新计算,与原来有些误差。

从 2015—2020 年发电量和发电量增长率来看,火电和水电的发电量增速较缓,其中水电受地域环境与流域来源水的限制,增速较缓,火电是我国电能来源的主力,但随着供给侧改革与环境税的开征,其也处于低增速状态。核电、风电和太阳能发电处于高速发展阶段,目前存在的主要限制是技术原因导致电力成本较高。随着科技的进步、绿色经济的发展与环境税带来的成本效应,我国现行的火电为主的发电结构将会发生改变。

非化石能源发电包括水电、核电、风电、太阳能发电和生物质发电等,其发电情况如表 4-13 和表 4-14 所示。其中,风电、太阳能发电属于新能源发电,发电情况见表 4-15。

表 4-13 2015—2020 年非化石能源发电量

单位:亿千瓦时

年份	2015 年	2016 年	2017 年	2018 年	2019 年	2020 年
水电	11 127	11 748	11 931	12 321	13 091	13 553
生物质发电	—	687	813	936	1 111	1 355
核电	1 714	2 132	2 481	2 950	3 487	3 662
风电	1 856	2 409	3 034	3 658	4 057	4 665
太阳能发电	395	665	1 166	1 769	2 238	2 611
总量	15 092	17 641	19 425	21 634	23 984	25 846

资料来源:根据电力行业年度发展报告整理所得。

表 4-14 非化石能源发电量占总发电量比重

年份	2015 年	2016 年	2017 年	2018 年	2019 年	2020 年
占比	26.27%	29.29%	30.27%	30.92%	32.65%	33.89%
增长率	—	16.90%	10.10%	11.10%	10.40%	7.80%

资料来源:根据电力行业年度发展报告及中电联发表报告整理所得。

表 4-15 新能源发电量、占比率及增长率

单位:亿千瓦时

年份	2015 年	2016 年	2017 年	2018 年	2019 年	2020 年
发电量	2 251	3 074	4 223	5 427	6 295	7 276
占总发电量比重	3.9%	5.1%	6.6%	7.8%	8.6%	9.5%
增长率	18.6%	36.6%	37.4%	28.5%	16.0%	15.6%

资料来源:根据电力统计基本数据一览表整理所得。

从表 4-13 和表 4-14 中可以发现 2015—2020 年非化石能源发电量逐年

上升,并保持10%左右的增长率,在总发电量不断提升的情况下,发电量占比例提升至33.89%。其中新能源在总发电量中的比重逐渐提升,发电增长率得到大幅提升。自2016年《环境保护税法》通过以来新能源发电量保持高速增长,2017年达到37.4%的增速。

我国发电装机容量如表4-16、表4-17和表4-18所示。

表4-16　2015—2020年我国发电装机容量

单位:亿千瓦

年份	2015年	2016年	2017年	2018年	2019年	2020年
水电	3.20	3.32	3.44	3.53	3.56	3.70
火电	10.06	10.61	11.05	11.44	11.91	12.46
核电	0.27	0.33	0.36	0.45	0.49	0.50
风电	1.31	1.47	1.63	1.84	2.10	2.82
太阳能发电	0.42	0.76	1.29	1.74	2.05	2.54
合计	15.26	16.49	17.77	19.00	19.62	22.02
增长率	10.62%	8.21%	7.67%	6.48%	5.80%	9.52%

资料来源:根据电力统计基本数据一栏表整理所得。

表4-17　非化石能源发电装机容量

单位:亿千瓦

年份	2015年	2016年	2017年	2018年	2019年	2020年
装机容量	5.30	6.00	6.90	7.80	8.40	9.56
占总量比重	34.83%	36.60%	38.80%	40.80%	41.90%	43.42%
增长率	—	13.70%	14.10%	12.50%	8.70%	16.70%

资料来源:根据电力行业年度发展报告整理所得。

表4-18　新能源发电装机容量

单位:亿千瓦

年份	2015年	2016年	2017年	2018年	2019年	2020年
容量	1.73	2.23	2.92	3.58	4.15	5.36
增长率	—	29.40%	30.80%	22.50%	15.70%	29.05%

资料来源:根据电力统计基本数据一栏表整理所得。

我国发电装机容量 2015—2020 年呈逐年增长趋势,增长速率呈下降趋势。非化石能源装机增速较快,在 2016—2018 年增速达到 10% 左右,增长速度普遍高于发电装机总容量增长速度,其中新能源(风电与太阳能发电)增速在所有发电装机增长率中最高,新能源成为我国绿色电力发展的重点。在完成电力发展规划的过程中,环境税也起到了巨大的推动作用。非化石能源装机在 2020 年完成 9.56 亿千瓦发电装机目标,2020 年接近总装机占比 43.42% 的目标。其中水电发电装机容量在 2020 年完成 3.70 亿千瓦的目标,太阳能发电装机在 2020 年完成 2.54 亿千瓦的目标,风电发电装机容量在 2020 年完成 2.82 亿千瓦的目标。

发电装机容量的变化情况离不开我国的电源投资情况,表 4-19 为我国 2015—2020 年的电源投资情况。

表 4-19 2015—2020 年我国电源投资情况

单位:亿元

年份	2015 年	2016 年	2017 年	2018 年	2019 年	2020 年
总投资额	3 935	3 408	2 900	2 787	3 139	5 292
水电	789	617	622	700	814	1 067
火电	1 163	1 119	858	786	630	568
核电	565	504	454	447	335	379
风电	1 200	927	681	646	1 171	2 653
太阳能发电	218	241	285	207	188	625

资料来源:根据电力统计基本数据一栏表整理所得。

我国的电源总投资额在 2015—2018 年呈下降趋势,在 2019 年出现拐点。其中,火电投资全线呈下降态势,2017—2019 年下降速度较快,在 2020 年投资额达到近年来火电投资的最低额。在环境税未通过的 2015—2016 年,火电电源投资额均在 1 000 亿元以上,在环境税过审开征后开始大幅下降。火电电源投资情况的变化与环境税的开征将火电发电原有的成本优势逐渐缩小,这种缩小趋势会随着环境税税额的不断上调以及清洁发电能源的科技进步而变得愈发明显。反观水电与新能源发电的情况则与此不同:水电电源投资较为稳定,从 2016 年开始逐步上升;风电在 2015—2016 年大额投入资金后投资逐年下降,这与 2015—2016 年的风电大额投资有很大的关系。但 2019 年海上风电的发展扩展了风电投资的范围,使风电电源投资重回 1 000 亿元以上,在所有电源投资中占比最大,预计在未来的几年依旧会保持高速扩张的态势。太阳能发电投资情况呈波动状态。从投资额构成来看,我国的电源投资逐渐转向新能源发电与水电,尤其是在 2020 年水电及新能源发电占电源建设投资总额的近 80%。在环境税带来的成本压力下,火电这一带有附加成本的发电方式所具有的成本优势逐渐被压缩,成本逐渐下降的环保清洁发电能源越来越受到重视。

(二) 我国电力企业技术创新情况

科技作为第一生产力,受到各个行业的重视。2015—2020 年我国主要电力企业技术创新发展情况如表 4-20 所示。

表 4-20　2015—2020 年主要电力企业技术创新发展情况

年份	2015 年	2016 年	2017 年	2018 年	2019 年	2020 年
科技投入金额（单位:亿元）	527.43	550.32	687.00	857.40	746.70	1 113.00
科研机构数量（单位:所）	224	278	519	664	582	604
科技人员数量（单位:人）	196 049	160 889	266 596	232 418	202 872	194 488

资料来源:根据电力行业年度发展报告整理所得。

从表 4-20 可以看出,我国电力企业的科技投入金额在 2015—2016 年增长不明显,但在 2017 年、2018 年和 2020 年大幅上升,在环境税过审后的 2017 年上升了 24.9%,在正式实施的 2018 年依旧保持高速上升,增幅达到 24.8%。科研机构数量也在 2017—2018 年快速扩张,2018 年达到 664 所。

科研人员数量 2017 年较 2016 年增加了 10 万人以上,同比增加高达 65.7%,2018 年略有下降,但人员数量依旧达 23 万人以上。

表 4-21　2015—2020 年专利申请量及授权量

单位:件

年份	2015 年	2016 年	2017 年	2018 年	2019 年	2020 年
专利申请量	32 002	36 049	31 179	39 746	41 514	63 695
专利授权量	15 044	22 683	21 280	26 038	29 776	37 426

资料来源:根据电力行业年度发展报告整理所得。

表 4-22　2015—2020 年科技成果奖励

单位:项

年份	2015 年	2016 年	2017 年	2018 年	2019 年	2020 年
国家科学奖数量	5	11	20	22	19	—
中国电力科学技术奖数量	91	114	116	134	133	138

资料来源:根据电力行业年度发展报告整理所得,2020 年国家科学奖数据缺失。

从表 4-21 和表 4-22 可以发现 2015—2020 年我国电力行业科技发展迅速,专利方面除了 2017 年有所下降,其余年份均保持高速增长。成果奖励数量也呈逐年提升态势,其中国家级别奖项在 2017 年增加将近 1 倍,达到 20 项,2018 年略微有所提升。无论是专利申请量、专利授权量,还是获得的中国电力科学技术奖,都在 2020 年达到最高值。在专利方面,2020 年的专利申请量和授权量增速均在 25% 以上。在科技创新成果方面,主要的显现在水电、核电、太阳能发电以及火电污染物减排方面。

(三) 环境税下防污染技术发展

行业的防污染技术影响企业的污染排放量,环境税的开征对电力企业的污染治理技术也具有很大影响。电力企业的污染治理主要集中在除尘、脱硫和脱硝等方面。电力企业除尘、脱硫和脱硝机组容量如表 4-23、

表 4-24 和表 4-25 所示。

表 4-23　煤电厂安装袋式除尘器和电袋复合除尘器机组容量

单位:亿千瓦

年份	2015 年	2016 年	2017 年	2018 年
总容量	2.78	2.97	3.30	3.44
袋式	0.78	0.78	0.80	0.87
复合	2.00	2.19	2.50	2.57
占全国燃煤机组容量比重	30.92%	31.60%	33.40%	34.00%
	8.68%	8.40%	8.70%	8.60%
	22.24%	23.30%	25.40%	25.40%

资料来源:根据电力行业年度发展报告整理所得。

表 4-24　已投运煤电烟气脱硫机组容量

单位:亿千瓦

年份	2015 年	2016 年	2017 年	2018 年
总量	8.2	8.8	9.4	9.6
占全国煤电机组容量比重	91.2%	93.0%	95.8%	95.9%

资料来源:根据电力行业年度发展报告整理所得。

表 4-25　已投运火电厂烟气脱硝机组容量

单位:亿千瓦

年份	2015 年	2016 年	2017 年	2018 年
总量	8.5	9.1	10.2	10.6
占全国火电机组容量比重	84.5%	85.8%	92.3%	92.6%

资料来源:根据电力行业年度发展报告整理所得。

从除尘、脱硫和脱硝机组的情况来看,我国的脱硫与脱硝机组占全国火电机组容量较高,并在 2018 年均达到 90% 以上,其中煤电脱硫机组达到煤电机组总容量的 95.9%。煤电除尘机组占燃煤机组总容量的比重在 30% 以上,有较大的提升空间。我国电力企业污染物排放量逐年下降,离不开这三类污染物在单位排放量上取得的突破。

除此之外,我国的燃煤机组超低排放改造有很大的提升,超低排放机组容量情况如表 4-26 所示。

表 4-26 超低排放机组容量累计额

单位:亿千瓦

年份	2016 年	2017 年	2018 年	2019 年	2020 年
超低排放改造容量累计额	4.25	7.00	8.10	8.90	9.50
占煤电机组总容量比重	47%	70%	80%	86%	88%

资料来源:根据电力企业发展报告及能源委公告整理所得。

从表 4-26 可以发现我国煤电机组超低排放改造容量逐年提升,在 2020 年累计超低排放煤电机组为 9.5 亿千瓦,占煤电总装机容量的 88%。其中 2020 年累计超低排放煤电装机上升比率达到 6.7%,占全国煤电机组容量比重超过 88%。在环境税明确征收实践后,我国超低排放改造机组改造进程加速,在 2017 年提前 2 年完成 2020 年的改造目标,以达到 2018 年少排少缴的效果。这足以说明环境税对超低排放改造产生了巨大的推动力。

第五章 环境税对钢铁企业的影响

钢铁是国民经济中的重要原材料,钢铁产业作为重要的基础产业,是实现工业化的支撑产业,是技术、资金、资源、能源、劳动力密集型的产业。钢铁企业产污排污环节多,在生产过程中产生的大气污染物、水污染物、固体污染物和噪声都是环境税应税污染物,钢铁企业也是环境税的主要纳税人。

一、行业及污染物排放情况

(一)行业概况

按《国民经济行业分类》,黑色金属冶炼和压延加工业包括炼铁、炼钢、钢压延加工和铁合金冶炼四个中类行业。钢铁企业是以从事黑色金属矿物采选和黑色金属冶炼加工等工业生产活动为主的工业企业。由于钢铁生产还涉及非金属矿物采选和制品等其他一些工业门类,如焦化、耐火材料、碳素制品等,通常将这些工业门类也纳入钢铁工业范围。2015—2020 年我国钢铁工业主要产品产量如表 5-1 所示。

表 5-1 2015—2020 年我国钢铁工业主要产品产量统计表

单位:万吨

年份	生铁	粗钢	钢材
2015 年	69 141	80 383	112 350
2016 年	80 837	70 074	113 801
2017 年	71 075	83 137	107 474
2018 年	77 105	92 830	110 551
2019 年	80 849	99 542	120 457
2020 年	88 898	106 477	132 489

资料来源:《中国钢铁工业年鉴(2015—2020 年)》。

国家层面对包括钢铁工业在内的工业污染物制定环境税,是推进生态文明建设、实现经济社会可持续发展的一种手段。环境税的开征,有利于解决排污费制度存在的执法刚性不足、地方政府过多干预等问题。同时,对强化企业治污减排的责任和动力,让企业将污染环境的外部成本转移内部化,对构建促进经济结构调整、企业发展方式转型升级的绿色税制体系有着重要意义。

(二) 行业污染数据分析

生态环境部发布的《2021年中国生态环境统计年报》数据显示:钢铁行业所在的黑色金属冶炼和压延加工业的主要污染物是废气污染物、工业固体废物。

废气污染物主要包括二氧化硫、氮氧化物、颗粒物。在统计调查的42个工业行业中,二氧化硫排放量排名前三的行业依次为电力、热力生产和供应业,黑色金属冶炼和压延加工业,非金属矿物制品业。3个行业的二氧化硫排放量合计为149.5万吨,占全国工业源二氧化硫排放量的71.3%,黑色金属冶炼和压延加工业占21.6%。氮氧化物排放量排名前三的行业依次为电力、热力生产和供应业,非金属矿物制品业,黑色金属冶炼和压延加工业。3个行业的氮氧化物排放量合计为303.0万吨,占全国工业源氮氧化物排放量的82.1%,黑色金属冶炼和压延加工业占21.7%。颗粒物排放量排名前三的行业依次为煤炭开采和洗选业,非金属矿物制品业,黑色金属冶炼和压延加工业。3个行业的颗粒物排放量合计为211.9万吨,占全国工业源颗粒物排放量的65.2%,黑色金属冶炼和压延加工业占14.3%。

工业固体废物产生量排名前五的行业依次为电力、热力生产和供应业,黑色金属矿采选业,黑色金属冶炼和压延加工业,有色金属矿采选业,煤炭开采和洗选业。5个行业的一般工业固体废物产生量合计为30.5亿吨,占全国一般工业固体废物产生量的76.9%,黑色金属冶炼和压延加工业占14.4%。

从以上数据可以看出,钢铁行业在废气污染物与固体废弃物方面的排放量都是巨大的,属于重污染行业。

(三) 钢铁生产过程及排污分析

在钢铁原材料运输、卸料过程中,会产生粉尘和噪声污染。在钢铁加工过程中,也会产生大量应税污染物。钢铁生产主要包括炼铁、炼钢、铸造、轧钢等流程。

炼铁阶段的燃烧过程中会产生大量二氧化硫(SO_2)、氮氧化物(NO_X)、一氧化碳(CO)、汞(Hg)和颗粒物。由炭屑、含油轧制铁磷中的挥发物生成的挥发性有机物质,在噪声条件下由有机物生成的二噁英,都会对环境造成污染。炼钢阶段的主要污染物是废气、粉尘、一氧化碳,以及通过炉内进一步氧化产生的二氧化碳。粉尘以氧化钙、氧化铁为主,并可能含有废钢铁带入的重金属、锌类元素以及渣和石灰的颗粒;铸造阶段的主要污染物包括含有大量铸造产品表皮鳞皮的喷雾室冷却水,及来自润滑铸模的化学品、助溶粉、植物油,在排放前须经处理;轧钢阶段的排放物包括来自加热炉和均热炉的燃烧产物,如 CO、CO_2、SO_2、NO_X、颗粒物,还包括来自轧制和润滑油的挥发性有机物以及被铁磷和油污染的污水。

由上述各工序的污染排放特征可知,钢铁工业用水量大,在各工序中均会产生工业废水;涉及燃烧流程的环节也会产生大量应税污染废气;钢铁生产制造过程也伴随着固体废物和噪声的产生。由此可见,钢铁企业的生产过程会产生大量应税污染物,不可避免地对环境造成很大污染,是环境税的主要纳税人。

二、环境税对钢铁企业节能减排的影响

1991年,戴维·皮尔斯首次提出环境税政策能够减少环境污染,带来环境红利。环境税可以作为工业化进程中减少污染物的有效手段。而中国的

环境税实施时间较短,环境税政策的制定尚未完善,能否达到促进钢铁行业减少污染物排放的效果需要进一步研究。根据《2015年环境统计年报》的数据显示,河北省是全国钢铁行业排放二氧化硫、氮氧化物和烟(粉)尘最多的省份,山东省在全国钢铁行业排放氮氧化物和烟(粉)尘排放物中排名第二,辽宁省在全国钢铁行业排放烟(粉)尘中排名第三,江苏是工业污水排放量最大的省份,且河北、山东、江苏和辽宁也是我国钢铁年产量前四的省份。本书选取4家上市公司,即河钢股份有限公司(以下简称河钢股份)、山东钢铁集团有限公司(以下简称山东钢铁)、鞍钢股份有限公司(以下简称鞍钢股份)和江苏沙钢股份有限公司(以下简称江苏沙钢)作为主要研究对象。

(一) 企业减排应对举措

排污费更改为环境税后,企业实际上需要缴纳的税额增加了。以山东钢铁为例,按照排污费的征收标准,大气污染物按照污染物排放量折合的污染当量数乘以0.6计缴,而2018年排污费更改为环境税后,则需要按照污染物排放量折合的污染当量数乘以1.2计缴;原排污费对于水污染物按照污染物排放量折合的污染当量数乘以0.7计缴,环境税则按污染物排放量折合的污染当量数乘以1.4计缴;固体废物和噪声基本维持不变。综合来看,环境税实施后,山东钢铁企业在排放大气污染物和水污染物方面的环保支出增加近1倍,总环保支出也远高于从前。据国家统计局数据显示,2020年钢铁行业营业成本67 555.8亿元,较2019年增长3.98%;实现利润总额2 464.6亿元,同比下降7.5%。

环境税相较于排污费在税率上有所提升,这使得企业经营成本相比原来有所增加;且政府越来越重视环保的监察,人们的环保责任感也日益提升,企业面临的环保标准也越来越高,这些都使得钢铁企业面临巨大的环保压力。钢铁企业也采取了一些措施来减少污染物排放,从而减少环境税费额,在一定程度上降低企业经营成本。

以江苏沙钢2019年的数据为例,企业对现有环保设施运行现状进行全面评估。通过用水工艺和设备管理改进,企业吨钢新水消耗为1.95吨,同比下降15.53%;通过除盐水改造,企业第四季度平均月排水量为23.71万吨,较上年同期37.68万吨下降了37.08%,实现年创效270多万元;通过持续开展钢坯热装热送比提升攻关,企业全年煤气消耗共计下降995万立方米;通过增加煤气回收和提升效率攻关,且在新增用电0.83亿千瓦时的情况下,企业全年外购电同比下降2.61%,并实现节支2 950万元。

河钢股份进一步巩固公司在钢铁行业清洁生产、绿色发展方面的品牌优势,研究、应用前沿节能环保新技术、新工艺,使企业的生产符合超低排放的要求。

鞍钢股份围绕从污染施治后端转变为绿色生产前端,重点推进焦炉脱硫脱硝、炼铁球团烟气治理等项目实施。企业以绿化厂区、畅通路网、治理扬尘为核心,推进绿色工厂建设,并达到同行业先进水平。

(二)污染物排放量分析

环境税的理论依据是"庇古税"。英国经济学家庇古提出:政府解决由生产或消费所引起的负外部性对环境造成污染的一个方法就是征税,税率应该等于最优解之处的边际外部成本。通过上面的分析,环境税额的提高导致钢铁企业采取了一系列的减排措施,而这些措施是否能够达到减排的效果,本部分将通过各企业的污染物排放量数据进行分析。

图5-1至图5-5反映了河钢股份、山东钢铁、鞍钢股份和江苏沙钢主要排放的污染物——颗粒物、二氧化硫、氮氧化物、氨氮化物、化学需氧量在2017—2020年排放量的变化。将四家企业4年的污染物排放情况放在一张图中,方便我们进行横向、纵向的比较。

由图5-1可以看出,2017—2020年的颗粒物年排放量方面,江苏沙钢与河钢股份的是逐年下降的,河钢股份颗粒物的年排放量由2017年的15 003.85吨降至2018年的8 901.96吨,降幅高达40.67%;山东钢铁各年间的变化不大,鞍钢股份2018年先下降然后又上升。

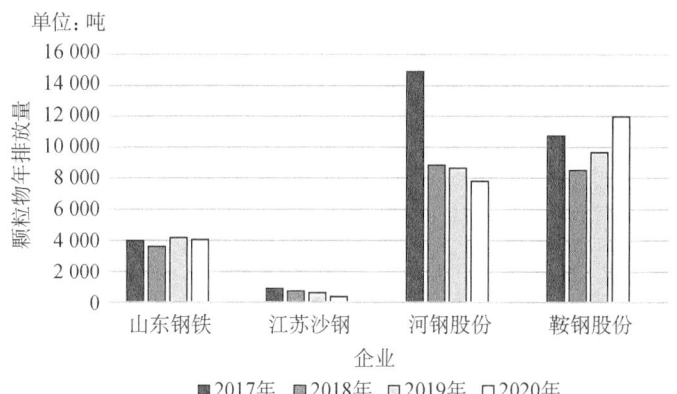

图 5-1 四家企业颗粒物年排放量

数据来源:企业年报整理而得。

由图5-2可以看出,2017—2020年的二氧化硫年排放量方面,四家公司整体上都是下降趋势。山东钢铁和江苏沙钢是逐年下降,鞍钢股份和河钢股份在2018年下降显著,而分别在2019年、2020年又有所上涨,但是并未超过2017年的排放量。

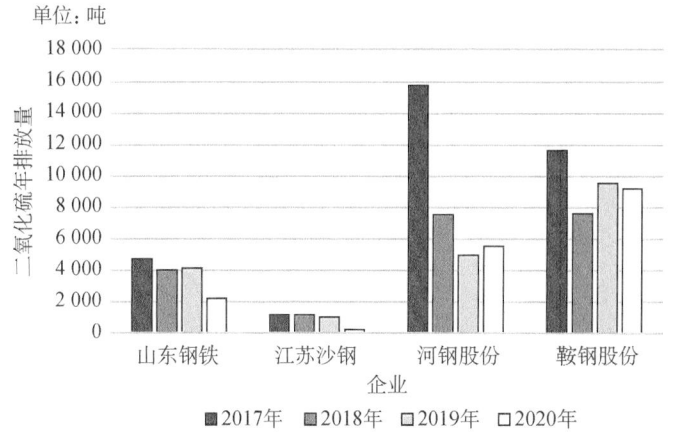

图 5-2 四家企业二氧化硫年排放量

数据来源:企业年报整理而得。

由图 5-3 可以看出，2017—2020 年的氮氧化物年排放量方面，江苏沙钢和河钢股份是逐年下降，鞍钢股份在 2018 年下降显著，而 2019 年、2020 年又明显上涨。

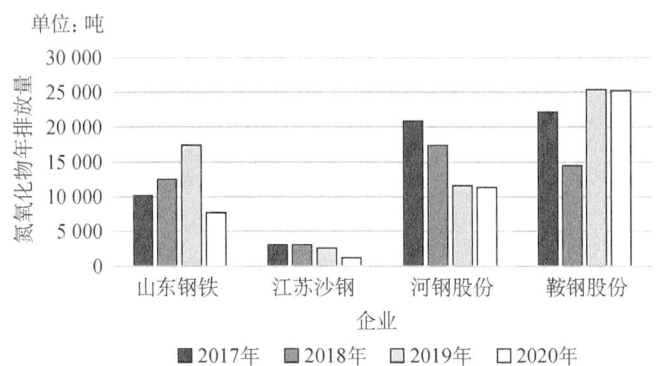

图 5-3　四家企业氮氧化物年排放量

数据来源：企业年报整理而得。

由图 5-4 可以看出，2017—2020 年的氨氮年排放量方面，四家公司都呈下降趋势，河钢股份和鞍钢股份在 2018 年下降显著，其中河钢股份几乎下降了 90%。

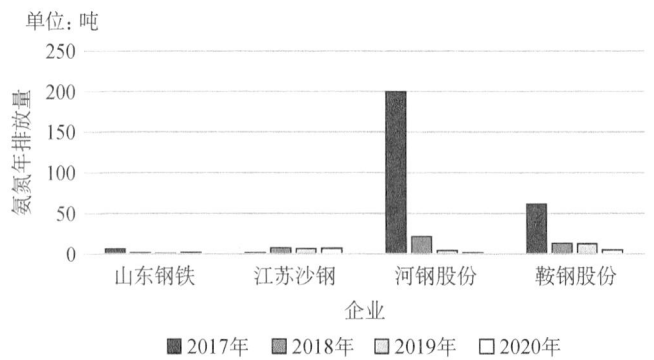

图 5-4　四家企业氨氮年排放量

数据来源：企业年报整理而得。

由图 5-5 可以看出，2017—2020 年的化学需氧量年排放量方面，山东钢铁和河钢股份是逐年下降，江苏沙钢和鞍钢股份各年份有波动。其中河钢股份在2018年后排放量下降非常显著。

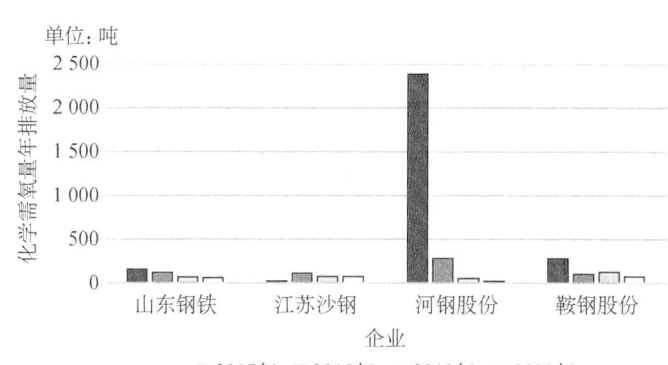

图5-5 四家企业化学需氧量年排放量

数据来源：企业年报整理而得。

综上所述，各钢铁企业在环境税出台后，为减少环境税出台带来的环境保护风险，都针对减少污染物排放作出了应对举措。而根据前文对污染物排放量的分析可以得出，环境税的出台能够促进我国钢铁企业减少污染物排放。

三、环境税对钢铁企业技术创新的影响

于连超（2019）提到环境税会有效倒逼企业绿色转型，即在现阶段，当环境税税负提高时，企业绿色转型水平也随之提高。环境税是否对钢铁行业的企业有同样的作用，这里仍将通过河钢股份、山东钢铁、鞍钢股份和江苏沙钢的数据进行分析。

（一）企业研发投入费用分析

征收环境保护税在一定程度上会增加钢铁企业的生产成本，激励企业主动进行技术革新。表5-2至表5-5整理了山东钢铁、江苏沙钢、河钢股份及鞍钢股份2015—2020年研发投入的相关数据。可以看到，各企业的研发投入金额基本呈逐年增长的趋势，尤其是2017年之后，此趋势较明显。研发

投入总额占营业收入的比例方面,山东钢铁、江苏沙钢和河钢股份的数据显示,2018年比2017年有显著的上升,2019年、2020年保持了较稳定的比例。鞍钢股份这几年的比例变化不明显。公司研发人员的数量上,山东钢铁在2019年涨幅明显,增长了2倍多,江苏沙钢在2018年增长非常明显,增加了10倍,另外两家公司的研发人员数量基本保持稳定。尤其是与2017年相比,各企业2018年研发投入金额均大幅提升。山东钢铁2018年的研发投入较2017年增幅高达130%,江苏沙钢的这一数据更是高达212%。由此可见,2018年环境税的出台刺激了企业对研发的加大投入。

研发费用投入增加势必会促使企业对技术进行升级。以江苏沙钢为例,公司新产品在高端客户、高端市场开发方面取得突破性进展,2020年共签订新品技术协议208份,比上年同期增加28份,同比提高15.56%;全年开发全新产品39个,比上年同期增加4个,同比提升11.43%。技术创新在提升品牌影响力的同时,也会增强企业的市场竞争力。

表5-2 山东钢铁研发投入相关数据

山东钢铁	2015年	2016年	2017年	2018年	2019年	2020年
研发投入金额(万元)	4 976	5 014	7 702	17 750	96 968	129 252
研发投入总额占营业收入比例	0.13%	0.10%	0.16%	0.32%	1.36%	1.48%
公司研发人员的数量	178	226	133	136	464	1 122
研发人员数量占公司总人数的比例	0.56%	0.72%	0.73%	0.73%	2.43%	5.24%

资料来源:由山东钢铁年报整理而得。

表5-3 江苏沙钢研发投入相关数据

江苏沙钢	2015年	2016年	2017年	2018年	2019年	2020年
研发投入金额(万元)	17 537	12 308	16 349	51 004	53 558	56 265
研发投入总额占营业收入比例	2.38%	1.62%	1.32%	3.47%	3.97%	3.90%
公司研发人员的数量	29	32	34	377	390	343
研发人员数量占公司总人数的比例	0.62%	0.71%	0.78%	8.47%	8.80%	7.87%

资料来源:由江苏沙钢年报整理而得。

表 5-4 河钢股份研发投入相关数据

河钢股份	2015 年	2016 年	2017 年	2018 年	2019 年	2020 年
研发投入金额(万元)	123 993	141 319	202 646	334 867	328 689	282 072
研发投入总额占营业收入比例	1.70%	1.90%	1.86%	2.77%	2.71%	2.62%
公司研发人员的数量	367	416	438	432	466	1 144
研发人员数量占公司总人数的比例	0.88%	1.03%	1.17%	1.21%	1.35%	3.24%

资料来源:由河钢股份年报整理而得。

表 5-5 鞍钢股份研发投入相关数据

鞍钢股份	2015 年	2016 年	2017 年	2018 年	2019 年	2020 年
研发投入金额(万元)	1 331	1 002	1 372	1 500	1 558	1 575
研发投入总额占营业收入比例	2.52%	1.73%	1.50%	1.43%	1.48%	1.56%
公司研发人员的数量	1 898	1 789	1 626	1 638	1 630	1 735
研发人员数量占公司总人数的比例	5.02%	5.86%	5.39%	5.47%	5.56%	5.66%

资料来源:由鞍钢股份年报整理而得。

(二) 企业专利数量与技术升级分析

企业研发费用和研发人员的增加,会引起专利数量的增加,进而使得企业进行技术升级。本部分将具体分析四家企业的专利数量以及是否发生技术创新升级。

1. 山东钢铁专利数量与技术创新分析

表 5-6 为 2017 年至 2020 年山东钢铁年专利申请数,可以看出,随着研发投入费用的逐年攀升,山东钢铁的专利数量也逐年上升。

表 5-6 山东钢铁年专利申请数

	2017 年	2018 年	2019 年	2020 年
专利申请数	343	355	377	509

数据来源:由国家知识产权局数据整理而得。

伴随着专利数量的上升,企业技术也不断升级创新。目前企业所有烧结机均配备了颗粒物深度处理和脱硫脱硝设施,燃料煤气全部实现高效净化处理,焦炉煤气经过洗涤、蒸氨、HPF 脱硫法处理后,再用微晶吸附法精脱硫;高炉和转炉煤气采用成熟先进的干法除尘,在节能降耗的同时,大大降低了颗粒物排放浓度。2020 年企业推进环境深度治理和超低排放改造,编制实施《环保绩效创 A 保 B 行动方案》,相继采取了焦炉、轧钢加热炉烟气治理、除尘升级改造等一系列超低排放改造举措。目前焦化、炼铁、炼钢等工序固定污染源监测数据均满足现行污染排放标准。

2. 河钢股份专利数量与技术创新分析

2018 年公司共获得省部级科技奖励 14 项;申请专利 888 项,其中,发明专利 400 项,获得专利授权 451 项。2020 年公司共获得国家科技进步一等奖 1 项、二等奖 3 项,组织和参与制定国家标准 8 个,申请专利 825 项,其中,受理专利 624 项。

2018 年公司成功开发了 2 000 兆帕级热冲压成型汽车钢、国内最高级别 700 兆帕超高强热轧带肋钢筋,并首次实现钒铬工业化规模高效同步提取,为我国高铬型钒钛磁铁矿的绿色高效利用提供了技术支撑和解决方案,达到国际领先水平。2020 年加速国家重大专项实施和科技成果落地,一批协同及自主研发的绿色技术达到国际领先水平,实现 80% 的高比例球团冶炼,建立采用"嵌入式 SNCR(选择性非催化还原)+梯级氧化脱硝+SDA(脱硫塔)协同吸收+预荷电袋式除尘"的球团烟气超低排放示范工程。"钢铁行业多工序多污染物超低排放控制技术"入选年度"中国生态环境十大科技进展"。

3. 鞍钢股份专利数量与技术创新分析

2018 年鞍钢集团获得国家受理专利 569 件,其中,发明专利 303 件,占比 53.3%;获得国家授权专利 434 件,其中,发明专利 197 件;获得公司专有技术认定 54 件。2020 年鞍钢集团获得国家受理专利 587 件,其中,发明专利 357 件,占比 60% 以上;获得国家授权专利 535 件,其中,发明专利

278件;获得公司专有技术认定96件。

2018年公司先后开展了鞍钢股份炼焦总厂焦炉烟气脱硫脱硝工程、精品钢绳项目、化工事业部针状焦项目和煤焦油加工产品质量升级与品种结构调整项目等33个建设项目。此外,公司在废气、异味、噪声治理等方面进行治理,环保投资达23.6亿元。技术创新使得鞍钢股份污染物排放量大幅降低,吨钢外排水、COD、二氧化硫分别下降68%、76.2%、15.5%,取得显著成效。

2020年公司建设项目环境影响评价制度和环保"三同时"①制度执行率达100%,全年共取得了8个建设项目的环评批复文件,完成了排污许可证的变更以及辐射安全许可证的增项工作。公司在废气、异味、噪声治理等方面进行治理,实施了40项环保改造项目,项目投资达人民币14.2亿元。公司污染物的排放量大幅度降低,吨钢外排水、COD、二氧化硫分别下降61.2%、40%、3.6%。

4. 江苏沙钢专利数量与技术创新分析

2020年江苏沙钢获得授权专利14件,其中发明专利10件、实用新型专利4件。2018年后,随着环境税的出台,企业的技术有了明显的创新升级。企业在保证现有环保设施配备齐全并良好运行的同时,先后实施了焦化煤筒仓改造、管式炉改造和硫铵除尘改造,安装了地面站除尘在线监测系统。随着炼铁粉煤收集器改造、炼铁槽下除尘改造、3#高炉的电炉放铁水包位除尘改造及炼铁各环境除尘气源改造,转炉和脱磷炉三次除尘改造、套筒窑6台除尘升级改造、1#转炉一次除尘改造等一系列环境保护技术改造的完成,企业生产过程造成的环境污染大大减轻,全年经济收益也明显提升。

---

① "三同时":2014年修订的《环境保护法》第四十一条指出,建设项目中防止污染的设施,应当与主体工程同时设计、同时施工、同时投产使用。防治污染的设施应当符合经批准的环境影响评价的要求,不得擅自拆除或者闲置。

综上所述,环境税的出台使得各企业加大研发投入金额,增加研发人员数量,研发投入金额占营业收入的比例呈逐年增加趋势。随着研发投入金额的增加,钢铁企业专利数量逐年攀升,技术不断创新,年产量也随之提高。

第六章 环境税对纺织企业的影响

我国是世界上最大的纺织品服装生产和出口国。纺织业是高污染行业，尤其是污水排放量大，因此环境税对纺织业的影响较大。

一、行业及污染物排放情况

（一）纺织业简介

纺织业是指采用天然纤维或化学纤维作为原材料，通过一系列加工过程制成各种纱、丝、绳、织物及其色染制品的工业，其主要生产过程包括棉纺织、毛纺织、麻纺织、长丝织造及印染等。我国纺织工业在全世界处于领先地位，对我国制造强国建设进程具有重要作用。在行业规模上，目前我国纤维加工总量占据全世界产量的一半以上，在综合实力上，我国纺织上下游产业链不管是类别品种还是产品质量等方面，均居世界前列。

（二）行业主要生产过程与污染物的产生

1. 丝绢纺织

丝绢纺织是指利用蚕茧加工成生丝以及以疵茧、废丝等为原料加工成绢丝的过程。丝绢纺织的主要污染物包括制丝废水、绢纺废水、固体废物以及噪声。制丝废水来源于缫丝和煮茧两个工序，废水中含有大量的丝胶和蚕蛹蛋白等，其平均化学需氧量浓度达到80毫克/升。绢纺废水则来源于精炼这一工序，废水中含有大量的丝胶和油脂等，其平均化学需氧量浓度达到800毫克/升，该过程中产生的固体废物包括蚕蛹、污泥等，其噪声主要由机械设备产生。丝绢纺织中产生的环境税应税污染物主要是废水中的化学需氧量。

2. 麻纺织

麻纺织是指使用黄麻、苎麻等原料，采用脱胶、织造等工艺加工成纺织品的过程。麻纺织的主要污染物包括麻脱胶过程中产生的废水、固体废物以及部分大气污染物及噪声。废水中含有大量的污染物,包括脂蜡质、木质素、纤维素、酸、碱、无机盐等。大气污染物主要有剥麻和梳麻工序产生的粉尘以及各生产工序产生的臭气。固体废物主要包括废茎秆、废散纤维、废旧包装等。噪声主要产生于机器设备的运行过程。麻纺织中产生的环境税应税污染物主要是废水中的化学需氧量以及大气污染物烟尘。

3. 毛纺织

毛纺织是指以动物毛(主要为羊毛)为原材料,经过初加工、纺纱、织造等工序加工成纺织品的过程。毛纺织的主要污染物包括洗毛废水、固体废物、炭化废水、大气污染物以及噪声。洗毛废水中含植物性草杂、油脂等污染物。炭化废水中的主要污染物包括植物性杂质和无机酸等,其平均化学需氧量浓度达到 200 毫克/升,该工序废水产生量达到每吨产品 8 立方米[①]。大气污染物主要包括选毛、洗毛、梳毛过程中出现的粉尘和纤维尘。固体废物主要包括泥沙、废油脂以及污泥等。噪声由机械设备产生。毛纺织中产生的环境税应税污染物主要是废水中的化学需氧量。

4. 化纤织造

化纤织造是指以化纤长丝为主要原料生产的色织布的生产过程。化纤织造的主要污染物包括喷水织机废水以及固体废物和噪声。废水中的主要污染物包括纤维、油剂、浆料等,其平均化学需氧量浓度达到 200 毫克/升。[②] 固体废物主要包括废纤维、纤维粉尘以及污泥等。噪声是在机械设备运行过程中产生。化纤织造中产生的环境税应税污染物主要是废水中的化学需氧量以及固体废物。

5. 染整

染整是指对前述工序生产的纺织原材料,如色织布等进行化学处理的

---

① 数据来源:《纺织工业污染防治可行技术指南》,生态环境部 2021 年发布。
② 同①。

工艺过程。染整作为纺织品生产的最后工序，与前述工序一起组成纺织物生产的整个流程。染整的生产过程主要包括预处理、染色、印花和整理。染整的主要污染物包括废水、固体废物、大气污染物及噪声。

根据上述分析可知，在纺织业的各个工序中会产生大量的废水，这些废水中以印染废水的污染性最强，其平均化学需氧量浓度远高于其他流程中产生的废水。此外，印染废水还具有PH值高、不易处理等特性，大大增加了后续污水处理的难度。在能源方面，纺织业的各个生产工序涉及使用大量的水资源和电能，而纺织业多使用火电，造成了水资源和化石能源的大量消耗，此外纺织业生产工序中产生的废水一部分为高温废水，但是存在直接排放这类污水的现象，对热能造成了浪费。

二、纺织业环境税涉税情况

依据2018年颁布实施的《环境保护税法》，所有在我国境内直接排放应税污染物的企事业单位等都负有依法缴纳环境税的义务，应当缴纳环境税的污染物包括大气污染物、水污染物、固体废物和噪声。

（一）纺织业废水涉税分析

纺织业废水产生于纺前纤维加工、纺纱（丝）、织造以及染整的各个生产环节，其中，以印染废水的污染性为最强，其平均化学需氧量浓度远高于其他流程中产生的废水。在印染工序，染色过程由于使用了大量的着色染料以及帮助固定颜色的化学助剂，而面料并不能全部吸收这些化学物质，因此其废水中会残留染料及其他化学助剂，其中部分有毒物质会对人体造成不利影响。例如，荧光增白剂等会导致人体产生过敏反应等。

接下来，通过各行业工业废水排放情况对比，来了解纺织业废水排放情况。2017—2019年各行业工业废水排放情况如表6-1所示。

表 6-1　2017—2019 年各行业工业废水排放情况

单位：吨

行业	2017 年		2018 年		2019 年	
	化学需氧量（COD）排放量	氨氮排放量	化学需氧量（COD）排放量	氨氮排放量	化学需氧量（COD）排放量	氨氮排放量
行业总计	909 631	44 500	813 894	39 863	771 611	34 911
农、林、牧、渔专业及辅助性活动	1 791	84	1 752	89	1 475	72
煤炭开采和洗选业	16 913	43	15 231	42	13 759	41
石油和天然气开采业	1 550	68	1 527	87	1 356	63
黑色金属矿采选业	1 796	76	1 205	45	1 159	47
有色金属矿采选业	7 998	795	6 936	328	8 075	356
非金属矿采选业	2 514	450	1 770	280	1 607	224
开采专业及辅助性活动	83	7	56	4	47	6
其他采矿业	15	0	0	0	0	0
农副食品加工业	178 963	6 283	155 962	6 471	158 648	6 513
食品制造业	56 375	3 267	55 814	2 951	55 258	2 949
酒、饮料和精制茶制造业	68 478	2 974	60 642	2 568	51 423	1 915
烟草制品业	1 481	40	1 291	44	1 035	34
纺织业	109 789	3 370	103 034	3 131	93 547	2 688
纺织服装、服饰业	4 806	109	2 885	78	2 964	80
皮革、皮毛、羽毛及其制品和制鞋业	10 509	820	8 542	648	8 092	645
木材加工和木、竹、藤、棕、草制品业	2 062	3	2 504	3	1 459	5
家具制造业	408	2	325	1	345	2
造纸及纸制品业	108 470	2 148	96 277	1 947	94 636	1 668
印刷和记录媒介复制业	550	53	551	40	692	47
文教、工美、体育和娱乐用品制造业	711	16	843	26	1 175	23
石油、煤炭及其他燃料加工业	24 922	1 855	17 803	1 269	17 097	1 100

续表

行业	2017年 化学需氧量(COD)排放量	2017年 氨氮排放量	2018年 化学需氧量(COD)排放量	2018年 氨氮排放量	2019年 化学需氧量(COD)排放量	2019年 氨氮排放量
化学原料和化学制品制造业	119 164	10 879	103 859	10 171	92 971	7 628
医药制造业	37 894	2 534	31 307	2 139	29 712	1 621
化学纤维制造业	20 987	1 057	20 810	985	19 392	1 192
橡胶和塑料制品业	3 700	145	3 502	170	4 050	228
非金属矿物制品业	6 682	88	5 791	60	6 733	70
黑色金属冶炼和压延加工业	11 378	820	8 810	654	7 067	575
有色金属冶炼和压延加工业	11 735	1 366	14 616	1 421	12 900	1 261
金属制品业	11 236	528	10 252	499	10 334	453
通用设备制造业	2 884	69	2 903	63	3 134	99
专用设备制造业	1 669	32	2 037	30	2 144	35
汽车制造业	8 503	137	7 572	98	7 345	90
铁路、船舶、航空航天和其他运输设备制造业	2 323	51	3 016	51	2 676	30
电气机械和器材制造业	10 567	564	10 772	511	9 565	589
计算机、通信和其他电子设备制造业	17 368	1 363	16 728	1 275	16 193	1 126
仪器仪表制造业	492	16	576	51	456	42
其他制造业	505	11	434	14	395	13
废弃资源综合利用业	3 039	67	2 464	74	2 574	87
金属制品、机械和设备修理业	231	7	171	5	158	3
电力、热力生产和供应业	17 356	1 481	17 697	1 223	16 506	1 041
燃气生产和供应业	731	36	822	52	578	58
水的生产和供应业	21 001	787	14 805	263	12 876	194

资料来源:根据《中国环境统计年鉴》整理。

根据表 6-1 可以看出,纺织业工业废水排放主要使用化学需氧量(COD)排放与氨氮排放两个指标对排放的污染物进行计量,化学需氧量是指用化学氧化剂氧化水中有机污染物时所需的氧量。COD 值越高,表示水中有机污染物污染越重。水中的氨氮是指以游离氨和离子氨形式存在的氮。在 42 个行业中,2017—2018 年纺织业工业废水化学需氧量排放量位列第三,仅次于农副食品加工业以及化学原料和化学制品制造业,但纺织业与化学原料和化学制品制造业的工业污水 COD 排放量差距不断缩小,由 2017 年的相差 9 375 吨到 2018 年相差 825 吨,两个行业的工业污水 COD 排放量都处于下降趋势,但化学原料和化学制品制造业下降幅度更大,同比下降 12.84%,纺织业同比下降 6.15%。2019 年纺织业工业废水 COD 排放量位列第三,相较于 2018 年同比下降 9.21%,仅次于农副食品加工业和造纸及纸制品业。

同时,由表 6-2 可以看出,2017—2019 年纺织业工业废水 COD 排放量占行业总计稳定在 12% 上下,在所有行业中占比位居前列,与造纸及纸制品业、化学原料和化学制品制造业相近,由此可以看出在各行业工业废水 COD 排放量中纺织业占据主要份额,纺织业面临一定的环境税缴税压力。此外在工业废水氨氮排放量中,纺织业虽然占比不高,但是仍然高于 85% 的其他行业排放量。

表 6-2 2017—2019 年工业废水排放占行业总计前四位的行业

项目	纺织业		农副食品加工业		造纸及纸制品业		化学原料和化学制品制造业	
	COD 排放量	氨氮排放量	COD 排放量	氨氮排放量	COD 排放量	氨氮排放量	COD 排放量	氨氮排放量
2017 年	12.07%	7.57%	19.67%	14.12%	11.92%	4.83%	13.10%	24.45%
2018 年	12.66%	7.85%	19.16%	7.85%	11.83%	4.88%	12.76%	25.51%
2019 年	12.12%	7.70%	20.56%	18.66%	12.26%	4.78%	12.05%	21.85%

资料来源:根据《中国环境统计年鉴》整理。

依据《环境保护税法》规定,大气污染物、水污染物、固体废物应纳税额为污染当量数乘以具体适用税额;污染当量是指根据污染物或者污染排放活动对环境的有害程度以及处理的技术经济性,衡量不同污染物对环境污染的综合性指标或者计量单位。同一介质相同污染当量的不同污染物,其污染程度基本相当。应税大气污染物、水污染物的污染当量为该污染物的排放量除以该污染物的污染当量值。水污染物每污染当量需要缴纳1.4元到14元的环境税,比照《应税污染物和当量值表》来看,化学需氧量的污染当量值为1千克,由于历年环境统计年鉴中未披露各地区纺织业具体排放数据,在此仅此估算2017—2019年纺织业工业废水COD排放量的应纳税额,如表6-3所示。

表6-3 2017—2019年纺织业工业废水COD排放量的应纳税额

单位:万元

年份	2017年	2018年	2019年
纺织业工业废水COD应纳税额	15 370.46～153 704.60	14 424.76～144 247.60	13 096.58～130 965.80

资料来源:根据《中国环境保护税法》计算。

从表6-3可以看出,纺织业工业废水仅COD一项,需要缴纳1亿多元到10亿多元不等的环境税税款,纺织业工业废水COD一项之所以税款跨度如此之大,主要是因为根据《环境保护税法》规定,各省市政府可以在《环境保护税法》规定的税额范围内,综合衡量本地区的生态环境状况、污染物排放情况和经济发展目标等因素,自主确定应税水污染物和大气污染物的适用税额。这一规定给予了地方政府充分的自主权,其可以根据不同地区的实际情况去制定适用税额,避免了不同地区"一刀切"的管理模式。

(二)纺织业废气涉税分析

纺织业的废气主要来自锅炉,它们的动力来自燃煤,燃烧时会产生大量的废气、二氧化硫和烟雾,对环境造成严重的影响。纺织工业的另一个污染源是纺织工业的排放物。比如,在生产粘胶纤维时,由于工艺落后和工艺控制问题,会导致用作原料的二硫化碳和硫化氢排放。染色工序中使用有机溶剂也会导致无组织的挥发性有机污染物(VOCs)的产生,印花工艺及静电植绒工艺同样在工序中会产生含VOCs废气。这些废气对于人体健康以及生态环境都有着严重的危害,废气可以刺激人体的呼吸道以及眼鼻等组织,进而引发呼吸道感染等疾病。废气中的SO_2会对植株的生理功能造成一定的影响,使叶子绿色减退,严重的还会导致叶子凋谢。另外,烟气中的粉尘颗粒会产生烟雾,烟气中的SO_2经过氧化会产生硫酸,在雨水的作用下形成酸雨。酸雨可以腐蚀纸张、纺织品、皮革制品,甚至金属。其对农作物和林木的危害很大,而且会腐蚀、污染建筑物。由此可见废气的危害很大,纺织行业应该妥善处理废气,减少对环境的破坏。接下来,通过各行业工业废气排放情况对比,来了解纺织业废气排放情况。2017—2019年各行业工业废气排放情况如表6-4所示。

根据表6-4可以看出,从2017年到2018年,纺织业所产生的工业二氧化硫排放量均排在第9位,虽然远低于电力、热力生产和供应业及石油、煤炭及其他燃料加工业,但是在共计42个行业中仍然属于排放量较大的行业。2019年纺织业产生的工业二氧化硫排放量降至第14位,排放量相较2018年大幅下降了40.97%,这从侧面反映出纺织业在废气减排放方面成绩明显。2017年到2018年,纺织业工业氮氧化物排放量一直处在第10位,年排放量在34 000吨上下,2019年纺织业工业氮氧化物排放量降至第12位,排放量相较2018年小幅下降14.46%。2017年到2018年,纺织业工业颗粒物排放量一直处在第22位,2018年工业颗粒物排放量相较2017年减少了8 085吨,2019年纺织业工业颗粒物排放量降至第24位,排放量相较2018年小幅下降了14.02%。通过分析纺织业2017年到2019年的工业废气排放数据可以发现,不论是工业二氧化硫排放量还是工业氮氧化物和工业

表 6-4 2017—2019 年各行业工业废气排放情况

单位：吨

行业	2017 年排放量 工业二氧化硫	2017 年排放量 工业氮氧化物	2017 年排放量 工业颗粒物	2018 年排放量 工业二氧化硫	2018 年排放量 工业氮氧化物	2018 年排放量 工业颗粒物	2019 年排放量 工业二氧化硫	2019 年排放量 工业氮氧化物	2019 年排放量 工业颗粒物
行业总计	5 298 770	6 464 927	10 669 966	4 467 324	5 887 366	9 489 037	3 953 670	5 480 735	9 259 287
农、林、牧、渔专业及辅助性活动	17 227	7 931	15 329	13 864	8 744	11 017	15 048	9 411	10 479
煤炭开采和洗选业	24 003	37 722	1 483 567	16 579	29 346	1 151 750	13 098	24 948	1 227 054
石油和天然气开采业	19 142	16 992	6 536	21 546	16 666	4 577	25 372	16 078	5 565
黑色金属矿采选业	7 114	12 103	146 281	7 400	13 303	123 905	4 679	9 746	139 968
有色金属矿采选业	2 554	5 438	236 292	1 798	3 702	183 258	1 595	3 129	195 751
非金属矿采选业	10 381	39 759	310 890	8 055	23 518	241 475	11 080	25 329	232 609
开采专业及辅助性活动	3 730	2 732	14 668	799	786	5 928	144	808	4 758
其他采矿业	40	61	221	0	9	74	0	9	49
农副食品加工业	61 006	50 117	104 047	52 737	49 721	97 124	47 382	48 670	91 402
食品制造业	28 971	28 376	31 765	27 361	30 619	23 872	30 802	28 832	30 184
酒、饮料和精制茶制造业	20 291	18 030	32 245	16 012	16 934	20 537	13 830	16 738	17 473
烟草制品业	1 138	1 577	11 406	766	1 347	12 698	2 853	1 226	10 309
纺织业	45 882	38 723	33 016	30 608	30 763	24 931	18 069	26 315	21 436
纺织服装、服饰业	2 835	2 214	3 243	1 067	1 492	3 368	839	1 511	2 252

续表

行业	2017年排放量			2018年排放量			2019年排放量		
	工业二氧化硫	工业氮氧化物	工业颗粒物	工业二氧化硫	工业氮氧化物	工业颗粒物	工业二氧化硫	工业氮氧化物	工业颗粒物
皮革、毛皮、羽毛及其制品和制鞋业	3 993	2 342	69 498	2 201	1 910	38 799	3 103	3 439	47 483
木材加工和木、竹、藤、棕、草制品业	31 717	21 500	189 348	26 377	20 857	173 118	30 984	21 029	190 049
家具制造业	1 116	2 039	68 802	2 233	2 817	53 444	2 085	4 089	80 860
造纸及纸制品业	69 439	70 355	46 731	48 979	57 565	43 996	34 536	51 573	36 529
印刷和记录媒介复制业	1 166	1 895	1 555	591	1 569	1 118	510	1 698	1 408
文教、工美、体育和娱乐用品制造业	2 594	1 443	14 697	688	738	12 073	911	627	15 497
石油、煤炭及其他燃料加工业	216 079	435 948	412 346	166 016	394 869	371 742	144 085	367 736	355 313
化学原料和化学制品制造业	449 451	334 811	668 131	363 362	319 727	547 198	300 684	284 348	596 812
医药制造业	18 978	16 620	16 370	11 898	15 281	11 451	10 415	14 085	10 088
化学纤维制造业	19 926	19 892	72 071	12 625	14 704	8 179	12 577	14 423	6 608
橡胶和塑料制品业	21 139	19 308	109 232	15 464	16 143	88 770	16 149	17 516	101 009
非金属矿物制品业	1 245 873	1 739 696	3 386 808	1 068 434	1 661 854	3 274 760	1 037 198	1 668 652	3 238 609
黑色金属冶炼和压延加工业	823 073	1 434 218	1 300 584	726 801	1 346 353	1 166 124	641 515	1 152 171	999 815
有色金属冶炼和压延加工业	630 122	297 983	334 887	578 393	265 898	383 788	531 237	241 478	310 876

续表

行业	2017年排放量 工业二氧化硫	2017年排放量 工业氮氧化物	2017年排放量 工业颗粒物	2018年排放量 工业二氧化硫	2018年排放量 工业氮氧化物	2018年排放量 工业颗粒物	2019年排放量 工业二氧化硫	2019年排放量 工业氮氧化物	2019年排放量 工业颗粒物
金属制品业	20 408	32 074	296 008	25 503	39 086	273 132	18 736	43 211	316 799
通用设备制造业	5 059	11 387	111 785	5 095	15 909	142 334	3 279	15 064	139 521
专用设备制造业	3 456	6 553	72 025	2 597	5 901	76 877	2 780	5 424	70 278
汽车制造业	2 706	16 413	73 357	2 596	16 288	84 087	5 066	19 526	79 983
铁路、船舶、航空航天和其他运输设备制造业	1 316	3 172	20 213	959	3 287	16 389	870	8 317	20 285
电气机械和器材制造业	5 383	22 734	14 131	6 517	20 868	19 024	20 030	29 040	22 410
计算机、通信和其他电子设备制造业	1 853	2 693	10 807	1 320	4 372	10 938	3 396	6 173	12 897
仪器仪表制造业	135	180	337	21	52	305	8	44	2 291
其他制造业	521	329	1 127	442	500	2 311	186	328	2 323
废弃资源综合利用业	6 325	5 413	30 903	5 731	6 360	29 505	6 460	8 630	33 982
金属制品、机械和设备修理业	202	901	2 839	56	364	2 526	58	377	4 879
电力、热力生产和供应业	1 470 644	1 698 240	904 159	1 193 154	1 424 000	744 126	941 383	1 287 248	565 235
燃气生产和供应业	1 256	4 744	11 372	463	3 097	7 805	470	1 696	7 008
水的生产和供应业	464	265	337	219	46	604	165	42	1 151

资料来源:根据《中国环境统计年鉴》整理。

颗粒物排放量,其都呈现下降趋势,尤其是在2018年到2019年度,工业二氧化硫排放量减排幅度达到40%以上,工业氮氧化物和工业颗粒物排放量减排幅度也达到14%以上,而2018年正是环境税开征的第一年。由此可见,环境税对于促进纺织业节能减排具有一定的作用。

根据《环境保护税法》的规定,大气污染物每污染当量需要缴纳1.2元到12元的环境保护税,二氧化硫污染当量值为0.95千克,氮氧化物污染当量值为0.95千克,工业颗粒物由于其构成无详细数据支撑,在此不计算工业颗粒物的应纳税额,仅考虑纺织业二氧化硫和氮氧化物排放量,粗略估算纺织业大气污染物的应纳税额。

依据《环境保护税法》规定的应纳税额的计算方法,首先计算污染当量数:纺织业二氧化硫污染当量数等于年排放量除以二氧化硫污染当量值;纺织业氮氧化物污染当量数等于年排放量除以氮氧化物污染当量值。然后用计算出的污染当量数乘以适用税额,得出应纳税额,大气污染物每污染当量需要缴纳1.2元到12元的环境税,2017—2019年纺织业二氧化硫及氮氧化物应纳税额如表6-5所示。

表6-5 2017—2019年纺织业工业废气排放应纳税额

单位:万元

年份	2017年	2018年	2019年
纺织业二氧化硫应纳税额	5 795.62~57 956.21	3 866.27~38 662.74	2 282.40~22 824.00
纺织业氮氧化物应纳税额	4 891.33~48 913.26	3 885.85~38 858.53	3 324.00~33 240.00
合计	10 686.95~106 869.47	7 752.12~77 521.27	5 606.40~56 064.00

资料来源:根据《中国环境保护税法》计算。

从表6-5可以发现,2018年纺织业大气污染物二氧化硫和氮氧化物两项应纳税额为7 752.12万~77 521.27万元,2019年纺织业大气污染物二氧化硫和氮氧化物两项应纳税额为5 606.40万~56 064.00万元,相较于水污染物,纺织业需缴纳的大气污染物应纳税额较少,且应纳税额呈现逐年下降的趋势。

(三) 纺织业固体废物涉税分析

纺织业的固体废弃物是从各生产环节中产生的,丝绢生产会产生废丝、蚕蛹、污泥等固体废弃物。毛纺织过程中产生的固体废物主要包括泥沙、废油脂、废散纤维等。化纤织造过程中产生的固体废物主要包括废纤维、纤维粉尘等。染整过程产生的固体废物包括废染料、废涂料、废润滑油、废矿物油和沾染矿物油的废弃包装物、废酸、烟气、VOCs治理过程产生的废活性炭等。2017—2019 年纺织业固体废物排放情况如表 6-6 所示。

表 6-6　2017—2019 年纺织业固体废物排放情况

单位:万吨

项目	2017 年			2018 年			2019 年		
	一般工业固体废物产生量	一般工业废物综合利用量	一般工业固体废物处置量	一般工业固体废物产生量	一般工业废物综合利用量	一般工业固体废物处置量	一般工业固体废物产生量	一般工业废物综合利用量	一般工业固体废物处置量
各行业总计	386 707.5	206 117.1	94 313.9	407 799.0	216 859.7	103 283.4	440 809.7	232 078.8	110 358.7
纺织业	870.8	679.2	189.7	792.0	614.0	176.6	742.3	585.1	159.0

资料来源:根据《中国环境统计年鉴》整理。

从表 6-6 可以发现,纺织业产生一般工业固体废物占各行业总计比例较小,2017 到 2019 年占比均不足 1%。而且固体废物的再利用率较高,2017 年一般工业废物综合利用率为 78%,2018 年这一比率略有降低,不过仍然达到了 77.52%。根据《环境保护税法》第七条和第十一条,应税固体废物按照固体废物的排放量确定应税污染物的计税依据,应纳税额为固体废物排放量乘以具体适用税额。固体废物排放量的计算公式为:

固体废物的排放量=当期固体废物的产生量-当期固体废物的综合利用量-
　　　　　　　　当期固体废物的贮存量[①]-当期固体废物的处置量。

---

① 固体废物贮存一般用于危险废物。这部分数值很小,计算时忽略。

根据以上公式可计算出 2017 年到 2019 年纺织业固体废物的排放量分别为 1.9 万吨、1.4 万吨、—1.8 万吨,2017 年与 2018 年由于固体废物种类不明,无法详细计算,但是即使按照最高税额每吨 1 000 元计算,2018 年和 2019 年的固体废物应纳税额仅为 1 900 万元和 1 400 万元,远低于纺织业排放废水和废气所应缴纳的环境税。由此可见,纺织业在处理固体废物方面效率相对较高,对于纺织业而言,环境税的纳税压力主要集中在废水和废气上。

三、纺织业节能减排情况分析

为了进一步探究环境保护税对纺织行业节能减排的影响,下面结合纺织行业的排污与耗能特点,通过构建纺织行业节能减排评价指标体系,对环境保护税实施前后 2015 年至 2019 年纺织行业的节能减排情况进行分析。

(一) 建立纺织业节能减排评价指标体系

1. 选取指标

为了选取能够有效衡量纺织业节能减排情况的指标,我们首先对纺织行业的排污特点与耗能特性展开分析。

在污染物排放上,纺织业污染物分为水污染物、大气污染物和固体污染物。纺织工业废水主要可分为印染废水、化纤纺织废水和洗毛废水等几大类,纺织工业废水中一般含有悬浮物、油脂、纤维屑、表面活性剂和各种染料等。纺织工业废水主要具有以下特点:①水量大,废水的污染以有机污染为主;②污染物浓度高;③绝大部分呈碱性,色度较高;④水质变化较大,一般的废水处理设施难以达到较好的处理效果。目前,我国主要使用化学需氧量和氨氮排放量两个指标来衡量污水排放的污染程度。

在大气污染物方面,纺织业排放的废气主要来源于化石燃料的燃烧、化纤的纺丝加工工艺、纺织产品前加工处理及多功能性后分类整理工艺流程。废气主要由微粒、硫化物、氮化物、一氧化碳、有机物等组成。目前我国主要使用二氧化硫、氮氧化物及工业颗粒物的排放量来衡量废气的污染程度。

在固体废弃物方面,纺织业的固体废弃物包括废丝、废油脂、废散纤维、废染料、废涂料、废气包装物等。根据前述对纺织业的环境税涉税分析,纺织业的固体废物再利用程度较高,其固体废物产生量较小,因此在排污指标上我们仅选取主要的COD排放量、二氧化硫排放量及工业颗粒物排放量,以COD排放量替代废水指标,二氧化硫代替废气指标,工业颗粒排放物替代固废指标,以此估算减排情况。污染物指标选取如表6-7所示。在排污指标选取过程中,参考了国家发展和改革委员会颁布的《印染行业清洁生产评价指标体系》中的排污指标,并对部分仅适用于印染行业的评价指标作了调整。

表6-7 纺织行业排污指标表

一级指标	二级指标	单位
排污指标	COD排放量	千克/吨
	SO_2排放量	千克/吨
	工业颗粒物排放量	千克/吨

资料来源:国家发展和改革委员会,https://iam-sso.ndrc.gov.cn。

其次,我们针对纺织行业的耗能情况进行分析,纺织行业在生产过程中消耗能源种类包括一、二次能源,天然气、煤炭为一次能源,电力为二次能源。根据国家统计局披露的数据,2015—2019年纺织行业能源消费总量情况如表6-8所示。

表 6-8 2015—2019 年纺织行业能源消费总量情况表

项目	2015 年	2016 年	2017 年	2018 年	2019 年
能源消费总量(万吨标准煤)	434 112.78	441 491.81	455 826.92	471 925.15	487 488.00
纺织业能源消费总量(万吨标准煤)	7 159.00	7 303.00	7 518.00	7 372.00	7 398.00
煤炭消费总量(万吨)	399 834.00	388 820.00	391 403.00	397 452.00	401 915.00
纺织业煤炭消费总量(万吨)	4 729.00	4 211.00	3 308.00	951.00	790.00
焦炭消费总量(万吨)	44 059.00	45 462.00	43 743.00	43 717.00	46 426.00
纺织业焦炭消费总量(万吨)	2.00	1.00	1.00	2.00	3.00
原油消费总量(万吨)	54 788.28	57 125.93	59 402.17	63 004.33	67 268.27
纺织业原油消费总量(万吨)	—	—	0.01	0.07	—
汽油消费总量(万吨)	11 368.46	11 866.04	12 296.27	13 055.30	13 627.97
纺织业汽油消费总量(万吨)	13.89	11.99	13.07	7.02	5.59
煤油消费总量(万吨)	2 663.71	2 970.71	3 326.36	3 653.51	3 950.23
纺织业煤油消费总量(万吨)	0.15	0.07	0.05	0.02	0.03
柴油消费总量(万吨)	17 360.31	16 839.04	16 916.54	16 409.56	14 917.95
纺织业柴油消费总量(万吨)	14.76	12.92	21.29	7.28	6.00
燃料油消费总量(万吨)	4 662.01	4 631.04	4 887.30	4 536.07	4 690.34
纺织业燃料油消费总量(万吨)	7.12	5.84	6.29	4.85	3.45
天然气消费总量(亿立方米)	1 931.75	2 078.06	2 393.69	2 817.09	3 059.68
纺织业天然气消费总量(亿立方米)	6.24	18.77	30.76	37.48	44.93
电力消费总量(亿千瓦时)	58 019.98	61 205.09	65 913.97	71 508.20	74 866.12
纺织业电力消费总量(亿千瓦时)	1 561.63	1 592.73	1 684.90	1 748.42	1 760.15

资料来源:国家统计局 http://www.stats.gov.cn/。

根据表 6-8 可知,纺织行业消耗能源包括煤炭、焦炭、原油、汽油、煤油、柴油、燃料油、天然气和电力。其中煤炭、电力、天然气为纺织行业消耗的主要能源,2015—2019 年,纺织业煤炭消费总量分别占纺织业能源消费总量的 66.06%、57.66%、44%、12.90%、10.68%,2015 年至 2017 年煤炭能源一直占据纺织业能源消费的 50% 左右,这是因为在 2017 年以前,纺织行业大量使用燃煤锅炉来提供生产过程中所必需的蒸汽,导致纺织行业对煤炭产生较强的依赖性,而 2018 年之后纺织业煤炭消费总量占纺织业能源消费总量比重呈下降趋势,这主要是受国家大力提倡"煤改气"的影响。目前纺织行业全产业链从织造到印染,再到染整环节,基本上已经看不到煤炭的身影,取而代之的是干净清洁的天然气。

由于纺织行业使用的能源种类涵盖煤炭、天然气等多种能源,为了综合评估纺织行业的能源消耗,我们需要引入能源消费总量(万吨标准煤)这一指标,标准煤是指热值为 7 000 千卡/千克(公斤)的煤炭,是标准能源的一种表示方法。由于煤炭、石油、天然气、电力及其他能源的发热量不同,为了能够进行比较,便于计算、考察国民经济各部门的能源消费量及其利用效果,通常采用标准煤这一标准折算单位。我国常用的能源与标准煤的单位重量折算比率为:原煤为 0.714,原油为 1.429;天然气按每立方米 9 310 千卡计算,折合标准煤 1.33 公斤;水电按历年火电标准煤消耗定额折合计算。纺织业能源消费总量指报告期内纺织企业在工业生产活动中实际消费的各种能源的总和净值。借助能源消费总量(万吨标准煤)这一指标,我们可以分析不同年度纺织行业耗费的能源总量的变化趋势。

由于纺织行业能源耗费量与产量及生产总值息息相关,因此,我们将产量因素考虑进去,在评估纺织行业耗能情况设置一些指标,如表 6-9 所示。在耗能指标选取过程中,参考了国家发展和改革委员会颁布的《印染行业清洁生产评价指标体系》中的能源指标,并依据纺织行业整体耗能特点对部分评价指标进行了调整。

表 6-9 纺织行业耗能指标表

一级指标	二级指标	单位
耗能指标	单位产品综合能耗	千克标准煤/吨
	万元产成品能耗	千克标准煤
	单位产品耗电量	千瓦时/吨
	单位产品耗煤量	吨/吨

资料来源:国家发展和改革委员会,https://iam-sso.ndrc.gov.cn。

纺织行业的产品种类按用途可以分为纱线、机织物、针织物、编织物等，根据国家统计局披露数据，如表 6-10 所示，纺织行业主要工业产品包括纱和布，在此我们使用纱产量作为纺织行业能耗指标的计算基数。

表 6-10　2015—2019 年纺织行业产量情况表

项目	2015 年	2016 年	2017 年	2018 年	2019 年
纱产量(万吨)	3 538.00	3 732.60	3 191.39	3 078.90	2 827.16
布产量(亿米)	892.58	906.75	691.05	698.47	555.19

资料来源：国家统计局，http://www.stats.gov.cn/。

至此，对于纺织行业节能减排评价指标全部选取完毕，如表 6-11 所示。

表 6-11　纺织行业节能减排评价指标表

一级指标	二级指标	单位
排污指标	COD 排放量	千克/吨
	SO_2 排放量	千克/吨
	工业颗粒物排放量	千克/吨
耗能指标	单位产品综合能耗	千克标准煤/吨
	万元产成品能耗	千克标准煤
	单位产品耗电量	千瓦时/吨
	单位产品耗煤量	吨/吨

资料来源：国家发展和改革委员会，https://iam-sso.ndrc.gov.cn。

2. 计算方法

由于纺织行业节能减排评价指标体系中分为一级指标与二级指标，我们首先依据纺织行业各耗能指标及排污指标的重要程度对其赋予权重，各指标权重如表 6-12 所示。

表 6-12 纺织行业节能减排评价指标项目及权重表

一级指标	权重分值	二级指标	单位	权重分值	评价基准值
排污指标	50	COD 排放量	千克/吨	20	215.40
		SO_2 排放量	千克/吨	20	2.47
		工业颗粒物排放量	千克/吨	10	3.86
耗能指标	50	单位产品综合能耗	千克标准煤/吨	15	4 846.50
		万元产成品能耗	千克标准煤	15	26.40
		单位产品耗电量	千瓦时/吨	10	1 795.00
		单位产品耗煤量	吨/吨	10	2.24

资料来源:国家发展和改革委员会,https://iam-sso.ndrc.gov.cn。

在纺织行业节能减排工作中,节能与减排具有同样的重要性,因此在一级指标的权重分布设置上,排污指标与耗能指标的权重值相同。对于排污指标的二级指标权重设置,主要是依据纺织行业的污染物排放特点来设置,由于其生产过程造成的 COD 排放与二氧化硫排放较为严重,因此这两个二级指标权重较高。在耗能指标的设置上,考虑到纺织行业使用的能源种类较多,单独使用单位产品耗煤量指标或单位产品耗电量指标会降低评价结果的可靠性,因此提高了能够反映纺织行业综合能耗的两项指标的权重分值。

在评价指标体系中,各指标的评价基准值是衡量该项指标是否符合节能减排基本要求的评价基准。本评价指标体系确定各评价指标的评价基准值的依据是:凡国家在有关政策、规划等文件中对该项指标已有明确要求的,就选用国家要求的数值;凡国家对该项指标尚无明确要求值的,则选用国内重点大中型纺织企业近年来节能减排所实际达到的中上等以上水平的指标值。本评价指标体系的评价基准值代表了行业节能减排的平均先进水平。

纺织行业节能减排评价指标的考核评分,以纺织行业在考核年度(一般以一个生产年度为一个考核周期)各项二级指标实际达到的数值为基础进行计算,综合得出行业评价指标的总分值。节能减排评价的二级指标数值

越高,越符合节能减排要求(如能耗、污染物排放量等指标),其计算公式为:

$$S_i = S_{0i}/S_{xi}$$

式中:S_i——第 i 项评价指标的单项评价指数。如采用手工计算时,其值取小数点后两位;

S_{xi}——第 i 项评价指标的实际值;

S_{0i}——第 i 项评价指标的评价基准值。

本评价指标体系各二级指标的单项评价指数的正常值一般在 1.0～3.0 左右,但当其实际数值远小于(或远大于)评价基准值时,计算得出的 S_i 值就会较大,计算结果就会偏离实际,对其他评价指标的单项评价指数产生较大干扰。为了消除这种不合理影响,应对此进行修正处理。修正的方法是:当 $S_i > k/m$ 时(其中 k 为该类一级指标的权重分值,m 为该类一级指标中实际参与考核的二级指标的项目数),取该 S_i 值为 k/m。

评价指标总分值的计算公式为:

$$P_1 = \sum_{i=1}^{n}(S_i \cdot K_i)$$

式中:P_1——定量评价总分值;

N——参与评价的二级指标项目数;

S_i——第 i 项评价指标的单性评价指数;

K_i——第 i 项评价指标的权重分值。

对于最终评价总分值,分值越高表示行业节能减排水平越高,分值越低表示行业节能减排水平越低。

(二) 纺织业节能减排情况评价

1. 排污指标

首先计算纺织行业 COD 排放量指标,2015—2019 年纺织行业 COD 排放量如表 6-13 所示。

表 6-13 2015—2019 年纺织行业化学需氧量排放量表

单位：吨

年份	COD 排放量
2015	205 743
2016	137 204
2017	109 789
2018	103 034
2019	93 547

资料来源：根据中国环境统计年鉴整理。

由表 6-13 可以发现，纺织行业在 2015—2019 年的 5 年间，COD 排放量呈现下降趋势，其中，COD 排放量从 2015 年的 205 743 吨下降至 2019 年的 93 547 吨，下降幅度达到 54.53%。

根据排污指标中的 COD 排放量指标计算方法，得出 2015—2019 年纺织行业 COD 排放量得分，如表 6-14 所示。

表 6-14 2015—2019 年纺织行业 COD 排放量指标表

项目	2015 年	2016 年	2017 年	2018 年	2019 年
S_1	1.98	3.13	3.35	3.44	3.48
权重分值	20	20	20	20	20
COD 排放量指标得分	39.60	62.60	67.00	68.80	69.60

资料来源：国家发展和改革委员会，https://iam-sso.ndrc.gov.cn。

由表 6-14 可以发现，纺织行业在 COD 排放量指标一项中得分逐年上涨，这表示纺织行业在 COD 排放量上的节能减排程度不断提升。

其次计算二氧化硫排放量指标及工业颗粒物排放量指标得分，2015—2019 年纺织行业二氧化硫及工业颗粒物总排放量如表 6-15 所示。

表 6-15　2015—2019 年纺织行业二氧化硫及工业颗粒物排放量表

单位：吨

年份	二氧化硫排放量	工业颗粒物排放量
2015 年	79 930	56 781
2016 年	68 519	49 609
2017 年	45 882	33 016
2018 年	30 608	24 931
2019 年	18 069	21 436

资料来源：根据中国环境统计年鉴整理。

从表 6-15 可以发现，纺织行业 2015—2019 年二氧化硫排放量与工业颗粒物排放量呈现逐年降低的趋势，二氧化硫排放量从 2015 年的 79 930 吨减少至 2019 年的 18 069 吨，减排幅度超过 70%，工业颗粒物从 2015 年的 56 781 吨下降至 2019 年的 21 436 吨，下降幅度超过 60%。

2015—2019 年纺织业二氧化硫排放量和工业颗粒物排放量整体都呈现下降趋势，其中纺织业二氧化硫排放量变化趋势线斜率无明显变化，这表示纺织业二氧化硫排放量下降速度保持平稳，说明纺织业二氧化硫排放量仍有一定的减排空间。

根据排污指标中的二氧化硫排放量指标及工业颗粒物排放量计算方法，得出 2015—2019 年两项二级指标的得分，如表 6-16 和表 6-17 所示。

表 6-16　2015—2019 年纺织行业二氧化硫排放量指标表

项目	2015 年	2016 年	2017 年	2018 年	2019 年
S_2	1.09	1.35	1.72	2.48	3.86
权重分值	20	20	20	20	20
SO_2 排放量指标得分	21.80	27.00	34.40	49.60	77.20

资料来源：国家发展和改革委员会，https://iam-sso.ndrc.gov.cn。

表 6-17　2015—2019 年纺织行业工业颗粒物排放量指标表

项目	2015 年	2016 年	2017 年	2018 年	2019 年
S_3	2.41	2.90	3.73	4.77	5.09
权重分值	10	10	10	10	10
工业颗粒物排放量指标得分	24.10	29.00	37.30	47.70	50.90

资料来源：国家发展和改革委员会，https://iam-sso.ndrc.gov.cn。

从表 6-16 可以看出，纺织行业在 2015 年到 2019 年二氧化硫排放量指标得分不断上升，2016 年得分相较 2015 年上升 23.85%，2017 年得分同比上升 27.4%，2018 年同比上升 44.18%，2019 年得分同比上升 55.65%，这说明 2018 年和 2019 年两个年度纺织业二氧化硫减排力度相较以往大幅提升。2018 年正是环境保护税实施第一年，由此可见，环境税对纺织行业二氧化硫减排产生了一定的积极影响。

由表 6-17 可以发现，纺织行业在 2015 年至 2019 年 5 年间工业颗粒物排放量指标得分呈现上升势头，2019 年得分相较 2015 年提升了 50% 以上，其中 2016 年该指标得分同比上涨 20.33%，2017 年该指标得分同比上涨 28.62%，2018 年该指标得分同比上涨 27.88%，2019 年该指标得分同比上涨 6.71%。2019 年未能保持以往年度的减排力度，说明工业颗粒物的减排可能达到了瓶颈。

由上述分析可计算得出，2015—2019 年纺织行业排污指标得分如表 6-18 所示。

由表 6-18 可以看出，纺织行业 2015—2019 年排污指标得分呈现上升趋势，其中 2016 年上升幅度最大，达到 38.71%，通过查阅纺织行业社会责任报告发现，2015 年《大气污染防治法》的出台，对纺织产业形成较大压力，推动了纺织行业向绿色生产转变的进程。2017 年至 2019 年，纺织行业排污指标得分增长率的顶峰出现在 2018 年，达到了 20%。结合纺织行业社会责任报告所披露信息，2018 年《环境保护税法》确立"治污减排受益、超标排污受损"的市场规则,这一环保新规对中国纺织行业影响深刻。中国纺织行业加强了对化学品、水、能源的足迹溯源和供应链管控,淘汰落后产能,降低污染物排放,全行业的环境管理逐步向科学化、法治化和规范化发展,可持续发展能力进一步提升。

表6-18 2015—2019年纺织行业排污指标得分表

年份	一级指标	二级指标	二级指标得分	一级指标得分
2015		COD排放量	39.60	85.5
		SO_2排放量	21.80	
		工业颗粒物排放量	24.10	
2016		COD排放量	62.60	118.6
		SO_2排放量	27.00	
		工业颗粒物排放量	29.00	
2017	排污指标	COD排放量	67.00	138.7
		SO_2排放量	34.40	
		工业颗粒物排放量	37.30	
2018		COD排放量	68.80	166.1
		SO_2排放量	49.60	
		工业颗粒物排放量	47.70	
2019		COD排放量	69.60	197.7
		SO_2排放量	77.20	
		工业颗粒物排放量	50.90	

资料来源:国家发展和改革委员会,https://iam-sso.ndrc.gov.cn。

2. 耗能指标

根据建立的指标体系,耗能指标包括单位产品综合能耗、万元产成品能耗、单位产品耗电量和单位产品耗煤量。

首先,来计算纺织行业的单位产品综合能耗指标,2015—2019年纺织行业能源消费总量如表6-19所示。

表 6-19　2015—2019 年纺织行业能源消费总量表

项目	2015 年	2016 年	2017 年	2018 年	2019 年
能源消费总量(万吨标准煤)	434 112.78	441 491.81	455 826.92	471 925.15	487 488.00
纺织业能源消费总量(万吨标准煤)	7 159	7 303	7 518	7 372	7 398

资料来源:国家统计局,http://www.stats.gov.cn/。

观察表 6-19 可知,纺织行业 2015—2019 年能源消费总量顶峰出现在 2017 年,2017 年纺织行业能源消费总量达到 7 518 万吨标准煤。

根据指标计算方法,得出纺织行业单位产品综合能耗指标得分,如表 6-20 所示。

表 6-20　2015—2019 年纺织行业单位产品综合能耗指标得分表

项目	2015 年	2016 年	2017 年	2018 年	2019 年
S_4	2.39	2.47	2.06	2.02	1.85
权重分值	15	15	15	15	15
单位产品综合能耗指标得分	35.85	37.05	30.90	30.30	27.75

资料来源:国家统计局,http://www.stats.gov.cn/。

从表 6-20 可知,纺织行业单位产品综合能耗得分在 2016 年出现小幅上升,之后则处于小幅下降趋势。

其次,我们来计算纺织行业万元产成品能耗指标得分,纺织行业 2015 年至 2019 年产成品价值如表 6-21 所示。

表 6-21　2015—2019 年纺织行业产成品价值表

项目	2015 年	2016 年	2017 年	2018 年	2019 年
纺织行业产成品价值(亿元)	855.65	807.58	655.65	637.90	626.15

资料来源:国家统计局,http://www.stats.gov.cn/。

从表 6-21 可知,2015—2019 年纺织行业产成品价值总体呈下降趋势,其中,2017 年下降幅度最大,达到 18.81%。根据指标计算方法,得出纺织行业万元产成品能耗指标得分,如表 6-22 所示。

表 6-22 2015—2019 年纺织行业万元产成品能耗指标表

项目	2015 年	2016 年	2017 年	2018 年	2019 年
S_5	3.15	2.91	2.30	2.28	2.23
权重分值	15	15	15	15	15
万元产成品能耗指标得分	47.25	43.65	34.50	34.20	33.45

资料来源:国家统计局,http://www.stats.gov.cn/。

从表 6-22 可知,纺织行业万元产成品能耗指标得分总体呈下降趋势,但自 2017 年起,得分下降幅度降低,由 2016 年的同比降低 7.61% 至 2018 年的同比降低 0.8%。

再次,结合表 6-23 纺织行业电力消费总量,计算单位产品耗电量指标得分,如表 6-23 所示。

表 6-23 2015—2019 年纺织行业电力消费总量表

项目	2015 年	2016 年	2017 年	2018 年	2019 年
电力消费总量(亿千瓦时)	58 019.98	61 205.09	65 913.97	71 508.20	74 866.12
纺织业电力消费总量(亿千瓦时)	1 561.63	1 592.73	1 684.90	1 748.42	1 760.15

资料来源:国家统计局,http://www.stats.gov.cn/。

从表 6-23 可知,纺织行业耗电量总体呈现上升趋势,2015—2019 年行业耗电量共上升 12.72%,其中以 2017 年单年上升幅度为最大,达到 5.78%。

表 6-24 2015—2019 年纺织行业单位产品耗电量指标得分表

项目	2015 年	2016 年	2017 年	2018 年	2019 年
S_6	1.09	1.12	0.91	0.84	0.77
权重分值	10	10	10	10	10
单位产品耗电量指标得分	10.90	11.20	9.10	8.40	7.70

资料来源:国家统计局,http://www.stats.gov.cn/。

从表 6-24 可知,纺织行业单位耗电量指标得分仅在 2016 年一年呈现上升趋势,上升幅度较小仅为 2.8%,其后 2017—2019 年一直呈现下降趋势,这说明纺织行业在节电方面未取得明显节能效果。

最后,结合表 6-25 纺织行业的煤炭消费情况来计算其单位产品耗煤量指标得分。

表 6-25　2015—2019 年纺织行业煤炭消费总量表

项目	2015 年	2016 年	2017 年	2018 年	2019 年
煤炭消费总量(万吨)	399 834	388 820	391 403	397 452	401 915
纺织业煤炭消费总量(万吨)	4 729	4 211	3 308	951	790

资料来源:国家统计局,http://www.stats.gov.cn/。

从表 6-25 可以发现,2015—2019 年纺织行业煤炭消费总量总体呈现下降趋势,2019 年纺织行业煤炭消费总量相较 2015 年大幅下降 83.29%,大大降低了对煤炭资源的依赖程度。在 2018 年,纺织行业煤炭消费总量下降幅度最高,结合纺织行业社会责任报告所披露信息,说明在环境税实施之后,纺织行业减少了对煤炭能源的使用,在节能方面取得了一定的成果。

表 6-26　2015—2019 年纺织行业单位产品耗煤量指标得分表

项目	2015 年	2016 年	2017 年	2018 年	2019 年
S_7	1.68	1.99	2.16	7.28	8.01
权重分值	10	10	10	10	10
单位产品耗煤量指标得分	16.80	19.90	21.60	72.80	80.10

资料来源:国家统计局,http://www.stats.gov.cn/。

从表 6-26 可知,纺织行业在单位产品耗煤量指标得分总体呈现上升趋势,2015—2017 年仅为小幅上涨,但 2018 年该项指标得分大幅提升,结合纺织行业社会责任报告所披露信息,说明纺织行业推广其他清洁能源的使用,减少了对火电的依赖。

综上,纺织行业节能减排评价指标全部计算完毕,如表 6-27 所示。

表 6-27　2015—2019 年纺织行业节能减排评价指标得分表

项目	一级指标	二级指标	二级指标得分	一级指标得分	评价指标总分值
2015 年	排污指标	COD 排放量	39.60	85.5	196.3
		SO_2 排放量	21.80		
		工业颗粒物排放量	24.10		
	耗能指标	单位产品综合能耗	35.85	110.8	
		万元产成品能耗	47.25		
		单位产品耗电量	10.90		
		单位产品耗煤量	16.80		
2016 年	排污指标	COD 排放量	62.60	118.6	230.4
		SO_2 排放量	27.00		
		工业颗粒物排放量	29.00		
	耗能指标	单位产品综合能耗	37.05	111.8	
		万元产成品能耗	43.65		
		单位产品耗电量	11.20		
		单位产品耗煤量	19.90		
2017 年	排污指标	COD 排放量	67.00	138.7	234.8
		SO_2 排放量	34.40		
		工业颗粒物排放量	37.30		
	耗能指标	单位产品综合能耗	30.90	96.1	
		万元产成品能耗	34.50		
		单位产品耗电量	9.10		
		单位产品耗煤量	21.60		
2018 年	排污指标	COD 排放量	68.80	166.1	311.8
		SO_2 排放量	49.60		
		工业颗粒物排放量	47.70		
	耗能指标	单位产品综合能耗	30.30	145.7	
		万元产成品能耗	34.20		
		单位产品耗电量	8.40		
		单位产品耗煤量	72.80		
2019 年	排污指标	COD 排放量	69.60	197.7	346.7
		SO_2 排放量	77.20		
		工业颗粒物排放量	50.90		
	耗能指标	单位产品综合能耗	27.75	149	
		万元产成品能耗	33.45		
		单位产品耗电量	7.70		
		单位产品耗煤量	80.10		

资料来源：国家统计局, http://www.stats.gov.cn/。

从表 6-27 可知,在耗能指标得分上,2015 年至 2016 年变化不明显,2015 年为 110.8 分,2016 年为 111.8 分,仅上升 1 分,2017 年相较 2016 年得分出现下降,说明 2017 年纺织行业总体节能效果一般,2018 年耗能指标得分大幅提升,达到 145.7 分,说明在 2018 年纺织行业在降低能耗方面取得一定成果,2019 年纺织行业耗能指标为 149 分,与 2018 年基本持平,说明纺织行业进一步巩固在降低能耗方面取得的成果。

观察纺织行业节能减排评价指标总分变化趋势可以发现,在 2016 年,纺织行业节能减排评价指标总分有小幅提升,行业在减少 COD 排放量上取得一定突破,2016 年至 2017 年期间,总分没有明显变化,到了 2018 年,纺织行业节能减排评价指标总分大幅升高,在二氧化硫排放量指标得分和单位产品耗煤量指标得分上取得长足进步,这说明从 2018 年起,纺织行业整体节能减排程度达到了新的高度。2019 年纺织行业节能减排评价指标总分保持上升趋势,在一定程度上巩固了 2018 年取得的节能减排成果。

四、环境税对纺织企业技术创新的影响

在 2018 年实施环境税后,环境成本的提升以及环境税中税收优惠政策的政策导向性有助于激发企业减税热情,从而促进其积极应用新技术、采购新设备节能减排,提升对节能减排的重视度,最终促使企业不断加大节能减排的力度。

从用能角度来看,纺织行业的染色、印花需要使用大量的水和能源,特别是蒸汽、煤消耗量大,综合能耗高,是典型的耗能大户,而且印染过程中排放的染色废水一般可高达 60℃~65℃,含有大量热能,目前部分纺织企业将该部分高温染色废水直接排入污水管道,不仅浪费了大量余热,也对后续的污水处理系统冲击较大。

以鲁泰纺织股份有限公司(以下简称鲁泰纺织)为例,通过对鲁泰纺织2018年前后的节约能源措施对比分析,可看出2018年实行环境税之前,公司已经开始持续推行清洁生产,改进生产流程、优化生产工艺,研究新型环保节能工艺技术,降低物料与能源消耗,减少废弃物的产生、实现节能减排。而在开征环境税之后,公司投入大量资金进一步提升企业的节约能源能力,构建企业能源管理大数据平台,科学地进行能源购入、转换、输送、使用管理,努力实现"节能、降耗、减排、增效"的目标。2018年公司全年开展各类工艺、设备改造项目70余项。同时相较以往,公司大力提升节能力度。公司始终重视发展循环经济工作,在生产中从源头上开始系统减少资源消耗,减少废物的产生,实现多种资源的综合利用。

公司在液氨回收装置、冷凝水回收、色碱回收、浆纱和整理车间冷却水回收利用等方面共开发节能、环保技术百余项。同时公司加大再生水回用项目的投资力度,为进一步促进水资源循环利用工作提供长远保障。公司投入8 000万元建设了2万吨/天的再生水回用项目,采用国际先进的"浸没式超滤+反渗透"工艺,实现污水的再生回用,再生水各项指标优于国家相关回用水水质标准,使地区水资源得到循环利用。目前公司再生水比例占25%。

在液体废弃物回收利用方面,公司引进两套德国的碱回收设备,同时自主研发了两套回收设备,对丝光机产生的液碱进行回收再利用,色碱回用率高达80%以上。2018年公司减少污水排放量8.46万吨,节约浓硫酸6 593吨,液氨回收率可达98%以上,基本实现了零排放。

在固体废弃物减量及回收利用方面,公司对废棉、回花进行分级回收、分别回用和处理。通过改进工艺及设备,对布卷纸管、编织袋等包装物从制衣厂回收再用于色织布生产过程,大大减少了资源的浪费。纺纱纱管由塑料管代替纸管,通过可循环使用减少废弃物的产生。

表 6-28　2016—2020 年鲁泰纺织主要污染物排放量表

单位：吨

主要污染物	2016 年	2017 年	2018 年	2019 年	2020 年
COD	912.31	1 125.97	928.77	868.40	611.97
氨氮	—	39.49	39.91	30.24	17.96
SO_2	208.34	36.63	54.41	38.30	44.79
NQx	586.92	302.10	276.50	165.62	135.00
烟尘	41.06	6.52	9.91	6.45	5.36

资料来源：东方财富网，https://www.eastmoney.com/。

表 6-29　2016—2020 年鲁泰纺织产量表

项目	2016 年	2017 年	2018 年	2019 年	2020 年
面料（万米）	25 185.85	26 614.99	28 752.73	27 594.29	18 808.22
电（千瓦时）	406 457.36	401 967.71	445 490.43	438 795.21	409 893.45

资料来源：东方财富网，https://www.eastmoney.com/。

企业的污染物排放量受到多方面因素影响，其中，最主要的影响因素就是产量与政策。鲁泰纺织的主要产品包括面料产品、服装产品。其中面料产品的生产过程会产生大量的污染物，此外，支持厂区生产的热电厂也会产生污染物，因此将电也作为产品考虑。根据表 6-28 和表 6-29 可以看出，2017 年鲁泰纺织的面料产量同比增长 5.67%，电产量同比减少 1.1%，而在面料生产过程中产生的 COD 同比增长达到 23.42%。相较于产量的增长而言，污染物增长幅度更大，而发电过程中产生的二氧化硫、氮氧化物及烟尘则随着电产量的下降大幅减少。2018 年公司面料产量同比增加 8.03%，而在面料生产过程中产生的 COD 却呈现下降趋势，同比下降 17.51%，氨氮排放量虽然呈上升趋势，但仅仅同比正常 1.07%，远低于产量增长的 8.03%，由此可见，2018 年公司所使用的环保设备减排效率大大提升，而 2018 年正是环境税开征第一年。2019 年面料产量同比下降 4.02%，面料生产过程中的主要污染物 COD 的排放量同比下降 6.5%，氨氮排放量同比下降

24.23%。2020年面料产量同比下降31.84%,面料生产过程中的主要污染物COD的排放量同比下降29.53%,氨氮排放量同比下降40.6%。

以上分析可以看出,自环境税开征以来,将产量增减变动的因素考虑进去,2018年以来鲁泰纺织减少污染物排放的效率大幅提高。根据其年度财务报告披露信息,2018年鲁泰纺织及控股子公司鲁丰织染有限公司大力实施污水提标改造工程,通过系统综合改造,大幅度提高排水水质,有利于进一步改善河流水质,改善当地的生态环境。2018年公司新增总磷、总氮的在线监控设施,并安装自动采样器,对排污指标实施全方位监控检测。2019年公司新增PH在线监测设施,对排污指标实施全方位监控监测。2019年公司对废气排放大力实施改造,对挥发性有机物(VOCs)的排放进行综合治理,对锅炉排放的氮氧化物进行低氮燃烧改造,减少了大气污染物的排放。2020年公司对污水处理产生的废气封闭收集、集中处理,减少恶臭污染物的气体排放。公司引进低氮燃烧设备,降低氮氧化物排放量;加强化学品管控,限制使用并逐步替代生产过程中产生的温室气体和破坏臭氧层的物质;新增加废气处理设施7台,年处理废气量86 550万立方米。

在平均利润率不足5%的纺织业,做环保改造无疑是给企业带来了额外的经济负担,但不做环保改造,企业又可能因环保硬约束而出局。做印染业的环保改造,绝不是单纯地购买单个设备,做个局部改造就能完成的。实现卓有成效的节能减排需要有大量投资,需要通过环保投资提高技术水平,减少污染物排放量。

根据山东省财政厅数据,在环境税开征之后,其在对全省142户重点排污企业进行跟踪中发现,多数企业在"费改税"后加大了环保投入。如鲁泰纺织,2018年以前鲁泰纺织先后投资近2亿元,采用德国和法国等先进技术,6次对污水处理系统进行配套、扩建和整修,建成1个污水处理厂、3个污水站、5套污水处理装置,还有一个6万吨/日污水处理扩建项目。2019年鲁泰纺织投资上亿元扩建日处理4万吨污水项目,进一步提高了污水处理能力。其2019年度的单年环保投资占以往环保总投资的50%以上。在生产的各个环节,通过环保技术实现节能减排,如图6-1所示。2019年公司建立了能源集中管控平台,通过半缸染色节能技术、泡沫上浆生产技术等减少生产环节印染废水的排放量,同时对染色机附件进行保温隔热,减少由表面积裸露造成的热量散失。公司安装热量交换系统和吸收式热泵机组对印染废水进行余热综合利用,预热染缸进水,从而节约蒸汽用量,实现节能减排。

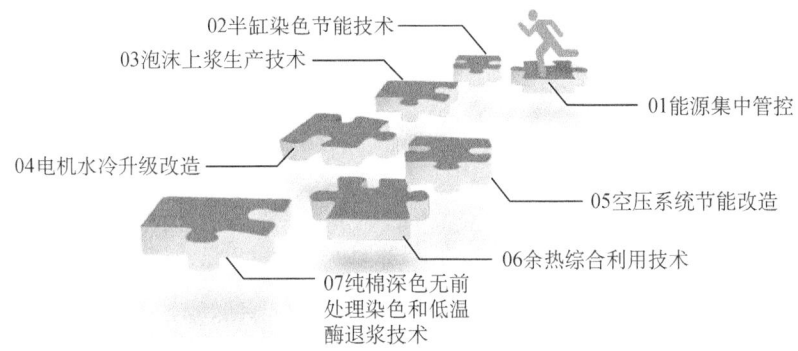

图6-1 鲁泰纺织各生产环节环保技术

第七章 环境税对污水处理企业的影响

污水、废气是环境保护税的主要应税污染物,也是环境监管部门的重点监管对象。因此本章以污水处理行业为研究对象,探讨污水处理企业环境税的缴纳情况及其影响,从多个维度研究环境税的经济后果。下一章是从废气排放的维度,探讨环境税对废气排放类企业的主要影响。

我国是人口大国,大规模生产和生活用水导致污水排放量巨大,近几年污水处理企业进入高速发展阶段。征收环境税不仅有利于达成水污染物的节能减排目标,而且可以促进企业发展方式的优化和改革,主动进行产业结构的完善,最大程度促进企业提高自主创新能力,并从各个角度提升政府环境保护的效率,促进治理手段的升级。

一、污水处理企业的发展概况

(一)污水处理企业发展

我国自改革开放以来,不断加快经济的发展和各项建设的进程,在各领域都取得了积极进展,由此产生的生活污水和工业污水也大幅增长,这在很大程度上推动了污水处理的发展。20世纪末,我国对污水处理的需求不断增长,其增长率远远高于全球平均水平,这使得污水处理行业逐渐转向高速发展时期。伴随着我国环境税的正式实施以及污水防治相关政策的推进,我国污水处理企业紧跟国家政策,2018年以来水污染的治理工作得到了非常全面的提升。

从总体上来看,我国污水处理行业经历了从低水平、小规模到现在具有一定质量与规模,能够满足时代发展需求的一系列转变。如今,我国各产业的高速发展大力推动了经济发展,导致水污染问题变得比较棘手,尤其是我国有大量河流和湖泊都遭受到了严重的污染,使得水资源的需求缺口也变得更大。在这样的大背景下,污水处理企业不得不肩负起改善水污染问题的责任和使命。同时,随着国家对城镇黑臭水体治理要求的提高以及工业污水综合处理的发展,污水处理总量逐年增加,污水处理企业正处于快速发展进程中。

由于中国的污水处理企业是由政府特许经营的,所以许多拥有几十年特许权的地方企业已经形成特定的区域市场,呈现出碎片化的分布形态。中国污水处理市场仍处于发展初级阶段且分布比较扩散,随着中国污染控制要求的提高和环保产业的快速发展,污水处理行业的市场需求会逐渐变得突出,并且向跨区域发展。那些具有良好资本实力、较好市场环境和领先技术的企业将逐步加快其扩张步伐,提高污水处理企业的市场集中度。

(二) 污水处理企业经营现状

作为人口大国与制造业大国,生活用水、工业用水都会产生大量的污水,不管是从经济的可持续性发展还是人民的健康出发,都需要对污水进行处理,这促进了污水处理企业的高速发展。由图7-1可见,我国污水处理行业的市场规模从2016年到2020年一直在增长,并且保持着持续增长的趋势。在我国水污染严重和国家十分重视治污的双重影响之下,污水处理企业也争相涌现出来。2020年,我国污水处理行业发展较好,市场规模达到了1 313亿元,即将突破1 400亿元,与2019年相比增长率达到3.75%。通过水处理行业的相关分析,预计该行业未来几年将保持5%左右的增长率持续增长,而工业污水排放区依旧是发展的重点。此外,部分中小型城市重视程度不够、管控力度不足、设施老旧、技术落后,成为我国污水处理企业亟待解决的问题。

近年来,水污染政策的实施促使我国污水处理行业的经营状况向好发展。我国为应对2020年农村污水处理问题,提出处理率要达到30%以上的规划,由此,我国农村污水处理市场迎来较好的发展机遇。此外,我国城镇的污水处理市场也取得了较好进展,尤其是在"十三五"期间,国家在废水处理和回收设施建设上投入了更多资金。由表7-1可见,国家在此方面的投资总额高达5 644.16亿元,其中新增设施的投资额就达到了4 092.57亿元,

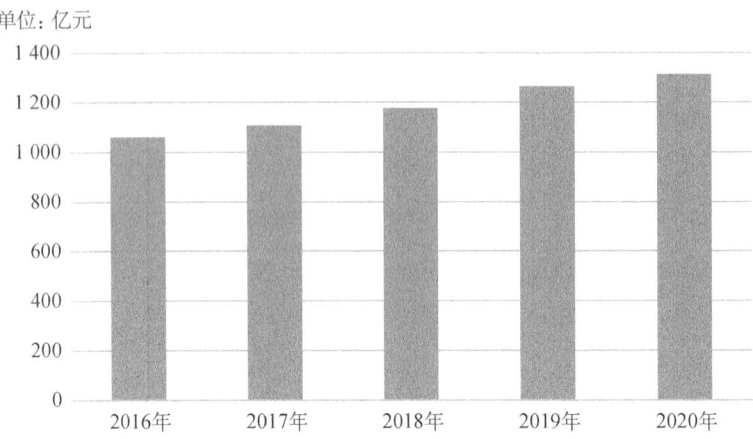

图 7-1 我国污水处理行业市场规模情况

数据来源：前瞻产业研究院。

占总额的 72.5%，可见大部分资金都用于新增污水处理设施。国家从各个方面提升城镇污水处理能力，让其设施能够满足国家治污要求。

表 7-1 "十三五"全国城镇污水处理及再生利用设施建设投资

单位：亿元

项目	投资额
新增污水管网	2 134.56
老旧污水管网改造	493.80
合流制网管改造	501.32
新增污水处理设施	1 505.96
提标改造污水处理设施	431.89
新增污泥无害化处置设施	293.98
新增再生水生产设施	158.07
监管能力建设	43.84
初期雨水治理设施	80.71
合计	5 644.16

资料来源：根据《"十三五"全国城镇污水处理及再生利用设施建设规划》得出。

我国污水处理企业在经营过程中不断改革与创新，不仅在数量上有显著提升,更在产能上有了较大提高。根据住房和城乡建设部《2021 年城乡建设统计年鉴》数据,2016 年全国城市污水年排放量为 4 803 049 万立方米,到 2021 年上升到 6 250 763 万立方米,污水处理厂由 2016 年的 2 039 座到 2021 年上升到 2 827 座。由表 7-2 可知,污水处理量由 2016 年的 14 910 万立方米/日逐年上涨,2021 年达到 20 767 万立方米/日。污水年处理量由 2016 年的 4 487 944 万立方米一直上升,到 2021 年达到 6 118 956 万立方米,污水处理效率由 2016 年的 93.44% 上升到 2021 年的 97.89%。

表 7-2 全国历年城市污水处理情况

年份	污水年排放量 (万立方米)	污水处理厂 数量(座)	污水处理厂处理能力 (万立方米/日)	污水年处理量 (万立方米)	污水处理率
2016	4 803 049	2 039	14 910	4 487 944	93.44%
2017	4 923 895	2 209	15 743	4 654 910	94.54%
2018	5 211 249	2 321	16 881	4 976 126	95.49%
2019	5 546 474	2 471	17 863	5 369 283	96.81%
2020	5 713 633	2 618	19 267	5 572 782	97.53%
2021	6 250 763	2 827	20 767	6 118 956	97.89%

数据来源:住房和城乡建设部《2021 年城乡建设统计年鉴》。

二、污水处理企业缴纳环境税情况

根据我国财政部官网[①]统计,环境税出台后第一年的财政收支情况显示环境税收入为 151 亿元。但由于环境税按季度征收,所以 2018 年实际征收的只有 1~9 月的税款,全年的环境税收入还应加上"2019 年一季度财政收支情况"中的环境税收入 58 亿元。两者相加,得到 2018 年环境税收入为 209 亿元。据排污费相关数据可知,排污费的年平均收入为 178 亿元,

---

① 中华人民共和国财政部网址:www.mof.gov.cn/。

2018年环境税与其相比大幅增加了31亿元,增长率达到17.4%左右。"2019年财政收支情况"显示环境税收为221亿元,"2020年财政收支情况"中环境税收为208亿元。

表7-3 部分污水处理企业环境税缴纳情况

单位:元

公司名称	2018年	2019年	2020年
江南水务	113 618.52	339 814.46	71 826.68
上海环境	1 302 359.88	2 037 467.26	2 546 423.55
隆华节能	54 116.12	56 546.75	58 364.40
中金环境	53 483.54	604 241.96	0
安诺其	171 011.82	177 269.53	335 532.26
雪浪环境	34 041.27	49 586.83	76 833.42
清水源	39 690.66	22 121.49	53 467.92
国中水务	1 167 399.08	857 902.30	1 856 689.56
大禹节水	未披露	1 804.99	86 383.47
中创环保	未披露	601 590.73	19 849.10

资料来源:根据各公司年报数据整理而得。

表7-3以10家污水处理企业为样本,研究其年度报告,汇总环境税缴纳情况。从样本数据可知,大部分污水处理企业2019年缴纳的环境税款较2018年有所增长,比如样本中的江南水务公司,2019年其缴纳的环境税较2018年上涨了226 195.94元,是2018年的3倍左右。造成这一现象的原因主要是因为环境税是2018年新增的税种,在征收过程中也会遇到很多困难,各种征收管理工作也会存在漏洞,出现少交、漏交等情况,各类污染物的排放量监测工作也难以统一,此外,要实现排污费改税的税费平移,也有很多需要不断探索的问题。经过不断改进,2019年环境税税收有了大幅提高,征管工作逐渐规范,加之税收刚性强,违法成本变高,企业也开始规范自行申报和纳税等工作,使得环境税的征收逐渐步入正轨。

当然也有一些公司环境税税额出现下降的现象。通过探究清水源公司年报数据发现,2019 年其研发费用为 20 230 273.18 元,而 2018 年其研发费用为 17 783 404.38 元,同比增长了 13.8%。伴随着研发费用的增长,该企业在技术创新上有了新的突破,进一步增强了污水治理能力,使得其 2019 年的环境税支出较 2018 年有所下降。还有诸如大禹节水、中创环保这类公司,在环境税开征的第一年并没有对环境税专门列示,从 2019 年的年报可见,两家公司都添加上了环境税一栏并作出列示,说明企业以及征管部门都提高了对环境税的重视程度。

三、排污费改税对污水处理企业节能减排的影响

(一) 排污费制度存在的缺陷

我国提出并实施的第一个环保相关政策是 1982 年由国务院颁布的《征收排污费暂行办法》。由此,排污费制度逐渐遍布全国,主要用于治理废水、废气及固体废物等。但其在实施过程中弊端逐渐显露,可见其制度本身就存在着很多缺陷。

首先,排污费的征管缺乏控制,导致征收标准很难覆盖实际行政成本。2012 年,国家用于治理废水的投资达 129 亿元左右,而同年工业污水的排污费收入仅为 22 亿元左右,相差甚远。此外,排污费的征收管理不够规范,制度不太健全,排污申报的登记工作落实不到位,导致部分企业出现"应征未征"的情况,同样使得征收情况不容乐观。

其次,排污费的征收项目不完整,很多污染物不在征收范围内。虽然在不断发展与改革中已经适度增加一些污染物,但是仍然尚未包括许多常见污染物。还有部分无需缴费的污染物的危害远高于需要缴费的污染物,使得企业治理污染的成本甚至高于缴纳的排污费,很多企业宁可缴纳排污费也不愿主动花钱进行治污改革,与缴纳排污费的目的背道而驰。

再次,排污费的征收管理程序复杂,缺乏效率。在收取排污费的过程中,排污者应当及时进行申报,环境保护部门予以核实,并将核定的付款通知书等按月或按季发送给排污者。但是在排污者太多的情况下按此程度征收,需要较大的人力和物力,大大增加了实施成本。

最后,排污费的后续计量和使用不规范,导致污染控制资金出现被挪用的现象。排污费制度的相关条例明文规定,环保部门收缴的排污费应当专门用于环境保护,并归入财政预算进行管理。但在实际管理中存在信息不透明的情况,有关排污费的用途并没有对外公开,存在利用这一缺陷偷偷挪用环境保护专项资金的可能,导致排污费的管理问题层出不穷。

(二) 征收环境税后废水排放总体情况分析

环境税取决于排污者的排污行为,属于行为税。对于企业和个人而言,环境税的实施都将对其造成相应约束,从而产生节能减排的效果。尤其是排污费改税后,借由税收征管的强制力更容易促进企业达成节能减排效果。

排污费改税后污水处理企业合理利用节能装置、工艺优化、排放物再利用和管理模式创新等措施来实现节能减排。再加上近几年我国对污水处理企业的大力扶持,城市及农村都建立起了大量污水处理厂,进一步提高了污水治理的能力。根据"十三五"规划和"水十条"①有关规定,2020 年制定的目标已基本实现,"十三五"期间改善水环境的投资规模约为 7 344 亿元,该规模将进一步增大,甚至突破一万亿元。在经济萧条时期,环境税收对企业成本的影响可能会使其通过"规模效应"的方式来减少污染物的排放量,从而减轻环境税收负担的影响。更有研究表明征收环境税对单位 GDP 的废水排放量具有显著的抑制作用,从而可达到节能减排效果。

根据《2021 年中国生态环境统计年报》《2020 年中国生态环境统计年

---

① 国务院 2015 年发布《水污染防治行动计划》,该计划也称为"水十条"。

报》统计,截至2021年年底,全国城市污水日处理能力达到了2.97亿立方米,较2020年同期的2.73亿立方米/日增长了8.79%。2021年的污水总处理量为862.1亿立方米,比2020年同期的811.3亿立方米增长了6.26%。且2021年分别削减化学需氧量和氨氮排放量1 955.2万吨和201.2万吨,可见污水处理的能力显著提高,节能减排效果逐渐显现。

由图7-2可见2015—2020年我国废水排放量的变化趋势。自从排污费改税后,废水的排放得到了较好的控制。尤其是环境税开征后第一年,废水排放量降低了并保持稳步下降趋势,2020年更是从718亿吨降至571亿吨,这说明我国环境保护的相关政策对节能减排的效果较为明显。

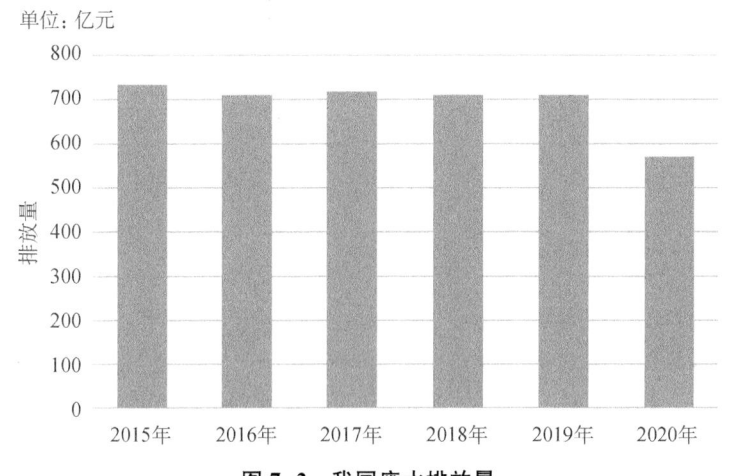

图7-2 我国废水排放量

数据来源:国家统计局。

根据国家统计局发布的《中国统计年鉴》数据整理得出表7-4,其中,废水中氨氮的排放量由2017年的139.51万吨减至2018年的81.76万吨,大幅下降了41.4%,2019年也持续下降了34.8%,保持了稳步下降的趋势。由各项数据可见废水中主要污染物的排放量有所减少,达到了一定的节能减排效果,与国家提出的治污方向契合。这也可以看出环境税的节能减排、加快绿色高质量发展的改革效益已经逐渐凸显,且其意义远远大于为财政收入带来的效益。

表7-4 废水中主要污染物排放量

年份	废水中主要污染排放量			
	化学需氧量(万吨)	氨氮(万吨)	总氮(万吨)	总磷(万吨)
2015	2 223.50	229.91	461.33	54.68
2016	2 169.54	141.78	212.11	13.94
2017	2 116.12	139.51	216.46	11.84
2018	2 067.79	81.76	196.12	9.49
2019	2 017.32	53.30	170.45	4.59
2020	564.80	48.40	122.30	3.70

资料来源:根据国家统计局及前瞻产业研究院提供数据整理而得。

根据国家统计局①公报显示,2020年水资源总量为31 605.2亿立方米,而年消耗总量为5 812.9亿立方米,比2019年下降了3.46%,每人平均用水2 239.8立方米,下降了0.8%。如图7-3所示,我国总用水量总体呈现下降

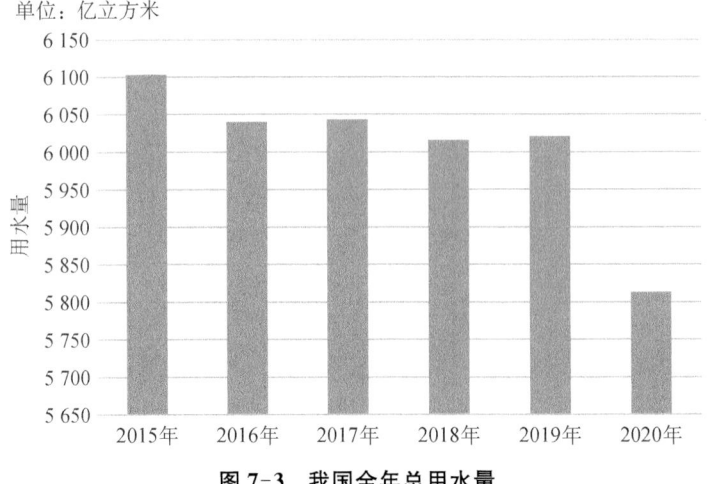

图7-3 我国全年总用水量

数据来源:国家统计局。

---

① 国家统计局网址:http://www.stats.gov.cn/。

趋势,可以明显看出在环境税开征前2016—2017年用水量有轻微上涨的现象,但是在环境税出台后第一年用水量就有了较为明显的下降趋势,并以0.4%左右的速率稳步下降,降至近几年来最低用水量,可见环境税能促进用水者减少水的使用。

(三) 排污费改税对节能减排效果的影响

污水处理企业在将工业源、生活源的污水进行无害化处理的过程中,自身要消耗大量的能源,污水处理属于能耗密集型行业。陈敏敏等(2020)探讨了全国城镇污水处理厂环境绩效评价方法,其中城镇污水处理厂在污水处理能源消耗方面得分较低,有52.4%的城镇污水处理厂得分低于全国平均值。张海亚等(2023)对京津冀地区5个典型污水处理厂的温室气体排放进行了核算,5个典型污水处理厂的电耗产生的间接碳排放比例约为43%～68%,药耗产生的间接碳排放比例为6%～28%,因此节能降耗对污水处理厂碳减排的贡献不容忽视,需要实施有效的节能干预措施,降低污水处理厂的能源需求。

污水处理的能耗主要是电能消耗。在分析征收环境税后污水处理企业节能减排情况中,我们查阅了大量相关企业的年报、城市统计年鉴、中国城镇供水排水协会网站,但是近几年对于污水处理企业耗能的数据鲜有披露、统计。有些企业虽然在年报中披露了污水处理成本,但是极少披露污水处理的能耗数据。我们研究了黑龙江国中水务股份有限公司(以下简称国中水务)在近年年报中披露的污水处理成本的明细项目。从该企业的污水处理成本中能耗数据的分析,能窥豹一斑,了解企业在节能减排方面的大体情况。

从表7-5中数据看出,自2017至2020年,污水处理收入是波动的。毛利率水平方面,2018年与2017年基本持平,2019年、2020年都比2018年有所提高,2019年最高,达到45.62%。污水处理成本的明细项目包括原材料、人工成本、折旧与摊销、能耗、其他项目。我们重点分析了能耗占总成本的比例。2018年与2017年相比略有上升,而2019年、2020年与2017年、2018年相比下降明显,而且2019年、2020年两年连续下降。可见国中水务在污水处理过程中降低能源消耗较明显。

表7-5 国中水务污水处理的能耗分析

单位:万元

年份	2017年	2018年	2019年	2020年
污水处理收入	22 475.04	21 172.92	24 042.10	20 654.36
污水处理成本	13 741.52	13 109.67	13 074.26	12 500.51
毛利率	38.86%	38.08%	45.62%	39.48%
成本明细——原材料	1 278.89	1 721.35	2 232.29	2 382.60
成本明细——人工成本	2 002.81	1 902.22	1 415.10	1 083.47
成本明细——折旧与摊销	6 055.12	5 366.92	4 972.92	5 286.04
成本明细——能耗	2 863.91	2 879.31	2 389.96	1 986.13
能耗占总成本比例	20.84%	21.96%	18.30%	15.89%
成本明细——其他	1 540.78	1 239.87	2 064.00	1 762.27

数据来源:公司年报。

由于污水处理业高能耗的特点,企业若想提高市场竞争能力,需进一步加强污水处理技术的创新,通过应用节能技术,对设备进行节能改造,减少能源耗费,降低业务成本。

四、开征环境税对污水处理企业技术创新的影响

(一)污水处理企业相关的环境税税收政策

根据《环境保护税法》的规定:依法设立的城乡污水集中处理场所排放相应应税污染物,不超过国家和地方规定的排放标准的,暂予免征环境保护税。值得注意的一点是城乡生活污水处理厂仅对超标污染物排放缴纳环境税,对达标排放予以免税,而城乡污水集中处理场所是指面向社会公众提供

公共生活污水集中处理服务,并由财政支付运营服务费或安排运营资金的污水集中处理厂或设施。但是工业污水处理厂不论超标与否,均应缴纳环境税。

关于环境税税率方面,《环境保护税法》第十三条规定,纳税人排放应税水污染物的浓度值低于国家和地方规定的污染物排放标准百分之三十的,减按百分之七十五征收环境保护税。纳税人排放应税水污染物的浓度值低于国家和地方规定的污染物排放标准百分之五十的,减按百分之五十征收环境保护税。由此环境税税收政策可知:即使是合格的生活污水处理厂,只要超标排放废水,超出部分就要缴纳环境保护税;工业废水处理无论超标与否,都要全额缴纳环境税。因此,合理进行技术改革,提升治理污水的能力,减少污染物的排放,达到少污染少交税的目标,是企业发展的合理选择。

(二) 开征环境税对技术创新的影响

环境税的出台,倒逼企业进行节能减排技术的创新与改造,走向环保优先、绿色发展之路。在环境税的积极引导和倒逼作用之下,企业不仅享受了更多的税制改革红利,而且还促进了技术创新,企业从被动减排到主动保护环境。据财税专家介绍,征收环境税不仅有利于达成水污染物的节能减排目标,而且可以促进企业发展方式的优化和改革,主动进行产业结构的完善,最大限度地提高企业的自主创新能力,并从各个角度提升政府环境保护效率,促进治理手段升级。除了转变发展方式和流程升级外,企业还应该增加对环保设施和技术的投资,提高污水处理行业的废水质量,早日达成国家规定的环境保护指标。

在各领域的积极努力之下,各企业纷纷加入节能减排行列。据国家税务总局[①]新闻报道,2019 年第一季度,全国有 3 000 多家城乡污水处理企业

---

① 国家税务总局网址:http://www.chinatax.gov.cn/。

实现了国家规定的达标排放,通过技术创新和加强管控,享受到了11.3亿元的免税红利。此外,还有3.3万名纳税人通过改进污水治理工艺,享受到了9亿元的税收优惠。这些税收优惠政策促进了企业竞争和创新发展,向达标排放和可持续发展迈进。中翰税务环境税首席专家刘伟认为,环境税的实施并没有给那些愿意投入资金主动进行环保的企业增加负担;虽然研发成本增加了,但是它们却享受到了达标排放带来的税收减免,这样能更有效地促进企业的创新与发展。可以看出,随着税务部门进一步优化其税收征收管理机制,预计环境税将继续发挥积极的作用,持续推动我国的绿色发展改革。

例如,一家主要从事污水处理和循环利用的企业,2018年其申报减免环境税870万元。然而根据相关部门的批示文件,该企业存在超标排放记录,因此需要补缴环境税款并处罚滞纳金,共计160万元。由此可见,超标排污的代价非常大,不仅会使企业无法享受税收优惠,反而还要补缴税款和滞纳金,这样使得排污成本大大增加,导致企业利润受损,限制企业发展。在此情况之下,升级现有技术达标排放事不宜迟,只有大力改善技术,才能形成良性循环。此外,污水处理设备损耗巨大,国家出台减税降费政策对污水处理企业十分有利,使它们更愿意更新设备。企业既可以通过新设备改善治污效果,又能享受达标排放的免税红利,从而以技术创新方式达到环境保护目的。

根据前文统计的10家样本公司2017—2020年的研发费用数据整理出表7-6。结果显示,环境税开征后,除1家公司2017年未披露外,7家公司研发费用有所上涨,大部分企业研发费用增长了很多,增长趋势延续到了2020年。涨势最猛的年份就是开征环境税的第一年,有些企业研发费用甚至增长了278.34%,可见企业在大力投入研发,以寻求技术突破。综合来看,大部分企业为了避免不必要的税收负担,自行投入大量研发费用,通过技术创新实现节能减排,从而达成少污染少纳税的目标。

表 7-6　部分污水处理企业 2017—2020 年研发费用支出

单位:元

公司名称	2017 年	2018 年	同比增长	2019 年	同比增长	2020 年	同比增长
江南水务	未披露	641 000	—	1 762 000	174.88%	2 059 386	16.88%
上海环境	31 739 174	35 241 070	11.03%	49 613 206	40.78%	70 252 833	41.60%
隆华节能	40 629 875	54 701 280	34.63%	61 902 467	13.16%	87 043 212	40.61%
中金环境	161 738 236	172 914 795	6.91%	170 730 660	−1.26%	185 490 314	8.64%
安诺其	48 483 840	51 356 180	5.92%	52 465 050	2.16%	44 034 785	−16.07%
雪浪环境	26 387 480	34 293 170	29.96%	48 569 118	41.63%	50 856 892	4.71%
清水源	21 401 548	17 783 404	−16.91%	20 230 273	13.76%	25 538 832	26.24%
国中水务	1 968 735	7 364 072	274.05%	5 804 223	−21.18%	5 353 235	−7.77%
大禹节水	4 840 110	18 311 916	278.34%	24 833 812	35.62%	29 508 332	18.82%
中创环保	48 967 151	46 785 196	−4.46%	32 964 170	−29.54%	30 919 808	−6.20%

资料来源:根据各公司年报数据整理而得。

国中水务公司是水务行业的先驱。经过了长时间的发展与改革,该公司在水务工程的运行和管理方面积累了丰富的经验,在市政水务的建设和运营中也占据了比较突出的地位。公司的污水处理和供水业务已成功实现跨地区发展,且占有了大量的市场份额,一定程度上提高了污水处理市场的集中度。公司已基本实现了传统水处理的产业链结构布局,同时也在向环境综合处理供应商方向发展。通过引进新技术,公司的业务覆盖能力得到很大的提高。公司年报数据显示,2017 年研发费用合计 1 968 735 元,自 2018 年开征环境税后,企业对于技术创新十分看重,研发支出共计 7 364 072 元,增长了 5 395 337 元之多,是 2017 年的 3 倍以上。由图 7-4 也可以看出,开征环境税后企业的研发费用增长幅度巨大,且在环境税实施的第一年达到了研发投入的顶峰值。

技术创新是促进污水处理企业发展的关键。受环境保护思想的推动,我国企业大力研发污水处理相关技术,专利申请受理量不断飙升。特别是 2018 年开始,在环境税的大力推动之下,相关专利申请受理量达到 5.79 万项,与上一年相比增长率高达 47.45%。由图 7-5 可看出,环境税开征后污

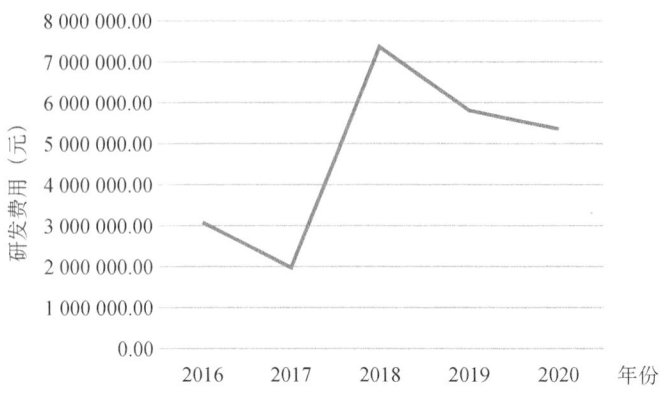

图 7-4　国中水务研发费用变化情况

水相关专利申请受理量较前几年增长幅度很大。可见环境税对于污水处理企业的技术创新工作具有较大影响,使得治污效果得到大力改善。

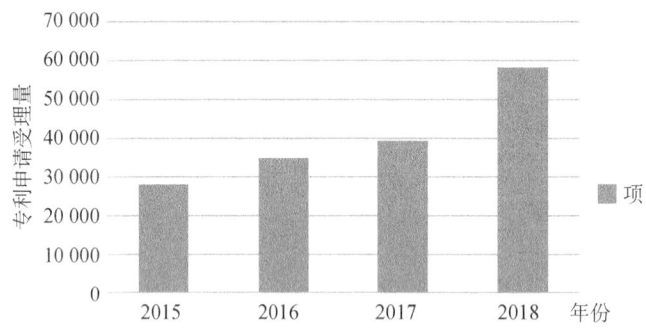

图 7-5　我国废污水、泥浆的处理专利申请受理量

数据来源:国家统计局。

第八章 环境税对废气排放企业的影响

大气污染物作为环境税征税对象,会对废气排放企业产生很大影响。本章主要通过搜集废气排放企业环境税税收数据来分析环境税为企业带来的经济效益和环保效益,监管和推进企业的可持续性发展,从而达到改善环境的目的。

一、我国废气排放治理现状分析

随着我国社会城市化和工业化的不断发展,企业间接造成的废气污染较为严重,国家也逐渐重视大气保护。目前,企业排放的废气主要有二氧化硫、氮氧化物和粉尘颗粒物等,这些污染物正在威胁着环境和人类的生活。按照废气排放污染源分类,可以分为生活废气污染源、工业废气污染源以及移动源①三类。如图8-1所示,在二氧化硫的总排放量中,工业源占76%;氮氧化物总排放量中,工业源占37%;烟(粉)尘总排放量中,工业源占61%;挥发性有机物总排放量中,工业源占35%。由此可见,工业源是废气的主要源头。

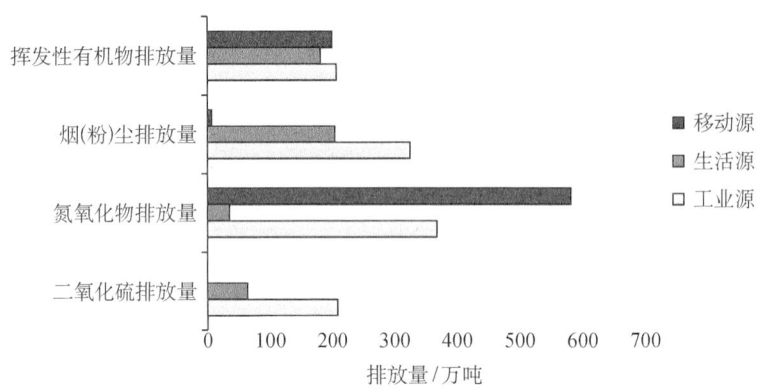

图 8-1　2021 年废气污染物排放量

数据来源:2021年中国生态环境统计年报。

---

① 移动源主要是指机动车,指以动力装置驱动或者牵引,在道路行驶的供人员乘用或者用于运送物品以及进行工程专项作业的轮式车辆,包括汽车、低速汽车和摩托车。由于移动源排放二氧化硫量较少,因此环境统计年报中未统计移动源排放的二氧化硫量。

在京津冀地区,生产制造行业比如生产钢铁、硫酸、冶炼金属、煤炭石油等,都是排放废气的主要行业。根据生态环境部的最新统计显示,2018年全国工业废气排放量增至88万亿立方米,废气的排放形势依然严峻。京津冀地区一直是大气环境污染的重灾区,巨大的能源消耗导致大气污染过程持续时间长、影响范围广、污染程度重。党的十九大报告明确指示,京津冀地区作为环境治理的龙头,必须发挥带头作用。根据中国统计年鉴披露的数据显示,在有关工业污染源的治理方面,京津冀地区对废气污染治理的投资占比较大,天津地区高达99%。表8-1汇总了京津冀地区2020年治理工业污染的投资和专门针对大气污染物的治理投资,可以看出,河北地区的废气排放相对严重,治理投资的成本也位居第一。根据地区特征,河北有很多钢铁制造集团、煤矿集团,需要相关企业重视社会责任,通过环境税的征收来达到改善环境的目的。

表8-1 京津冀地区2020年治理工业污染投资一览表

地区	工业污染源治理投资(万元)	治理废气投资(万元)	废气治理占比
北京	5 122	1 832	35.77%
天津	74 511	73 987	99.30%
河北	129 336	100 483	77.69%

资料来源:2021年统计年鉴整理所得。

二、环境税对废气排放企业技术创新的影响

本部分将从排污费开始展开研究。费改税之前,工业污染投资占比不大,2014—2020年数据显示,对工业污染治理的投资逐年下降。随着2018年1月环境税的开征,环境税在2年期间达到了接近2倍的增长率。根据我国环境税专款专用政策,税收所得都将进行二次分配,再重新分配给

市场,补给给各地区政府用来进行环境治理投资。

表 8-2 2014—2020 年环境治理投资分析表

年份	2014 年	2015 年	2016 年	2017 年	2018 年	2019 年	2020 年
环境污染治理总投资(亿元)	9 575.5	8 806.3	9 219.8	9 539.0	8 987.6	9 151.9	10 638.9
工业污染源治理投资(亿元)	997.7	773.7	819.0	681.5	621.3	615.2	454.3
占比	10.42%	8.79%	8.88%	7.14%	6.91%	6.72%	4.27%

资料来源:2021 年中国统计年鉴整理所得。

从表 8-2 可以看出,2014—2020 年环境污染治理投资都在 9 000 亿元左右。其中,工业污染的治理占总投资 10% 左右,可以看出 2014—2020 年对工业污染的投资在逐年减少,2020 年低至 400 多亿元。分析可得,工业企业产生的废气得到了有效的监管和抑制,工业环境得到优化。

表 8-3 2018—2020 年环境税税收占比一览表

年份	2018 年	2019 年	2020 年
税收总收入(亿元)	186 402.81	157 992.00	154 312.29
环境税税收(亿元)	151.38	221.00	207.06
占比	0.08%	0.14%	0.13%

资料来源:生态环境部整理所得。

自 2018 年 1 月开征环境税以来,从表 8-3 收集的近几年国家征收环境税数据可以看出,费改税制度正在平稳过渡。分析可得,环境税制度在我国正在从初步萌芽走向基本成熟,税率制度正在完善和健全,相关企业也正在积极配合国家政府,自主自觉根据标准缴纳环境税。环境税出台的初衷是对污染环境的相关企业进行经济惩治。2020 年环境税达到 200 多亿元,环境税征收给相关企业带来了很重的经济负担,创新经营、优化改革对废气排放企业来说已经刻不容缓。

(一) 企业技术创新的经营投入分析

环境税的征收促进了企业对创新技术的投资,废气排放得到了有效抑制,但同时也为企业带来了很大的经济负担。本部分以一家转亏为盈的上市公司罗平锌电股份有限公司为例,研究 2016—2020 年企业创新研发投入和经营绩效的关系。

表 8-4 罗平锌电股份有限公司相关数据一览表

单位:元

年份	2016 年	2017 年	2018 年	2019 年	2020 年
营业收入	1 003 725 509.22	1 618 758 049.50	1 073 923 466.10	1 806 373 136.21	1 722 517 785.81
营业成本	793 181 546.09	1 388 978 620.33	1 029 654 205.86	1 640 433 546.29	1 654 863 265.38
研发投入	308 898.88	2 398 433.17	2 936 525.35	4 380 110.59	4 086 093.08
排污费/环境保护税	580 223.00	802 662.60	137 980.72	711 175.98	575 768.13

资料来源:根据公司 2016—2020 年年报整理所得。

根据表 8-4 可知,相比 2016 年,公司 2017 年的排污费增长了 38.34%,其中营业成本增加了 5.9 亿元。公司 2017 年的技术研发投入高达 200 多万元,较 2016 年翻了 7 倍之多。2018 年和 2019 年公司开始缴纳环境税,环境税的税额增长幅度明显,在此期间,公司依旧加大技术创新投资力度,2019 年的研发投入较 2018 年同比增长达 49.16%。公司营业收入相当乐观,呈现出历史新高达 18 亿元以上,这归功于公司的长远战略布局,如图 8-2 所示。

由图 8-2 可以看出,罗平锌电股份有限公司 2016—2020 年的技术创新研发投入在逐年增长,尤其表现在 2018 年环境税开征后,2019 年研发投入较上年增长率达 49.16%,在持续增加研发投入后,公司的营业收入一直处于良好状态,甚至在 2019 年实现历史营收新高。因此,建议相关企业在改革环境税制的同时加大技术投入。

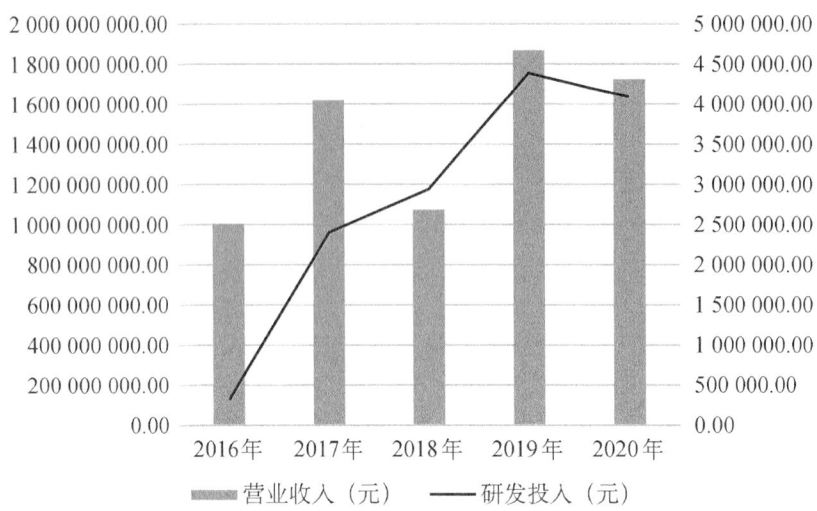

图 8-2 罗平锌电股份有限公司研发投入折线图

资料来源：根据公司年报分析所得。

(二) 环保技术创新研发投入为企业带来的效益分析

环境保护税的开征对不同类型企业研发投入和环保技术改革创新的影响程度不同。本部分针对产生废气的行业类型分析环保技术的投入差异和企业的营收差异。以下选择四个公司作为京津冀地区各行业的企业代表，浅析环境税开征后它们各自的研发投入和环境保护费用支出是否有效提高了企业的营业收入。

1. 环境税开征后电力行业研发投入分析

从表 8-5 的数据可以看出，大唐国际发电股份有限公司自 2018 年缴纳环境税后，在研发领域加大了投资，技术得到了改进，对环境造成的压力变小。这说明该公司目前对环境的管控随着研发力度的加大慢慢处于一个比较恒稳的状态，对废气污染物等进行了有效的监管和控制，营业收入也在平稳增长。

表8-5 大唐国际发电股份有限公司研发投入分析一览表

单位:元

企业名称	年度	2018年	2019年	2020年	2020年增长率
大唐国际发电股份有限公司	营业收入	93 389 625	95 453 055	95 614 422	0.17%
	环境保护税	63 119	92 154	96 878	5.13%
	研发费用	13 221	29 646	10 263	−65.38%
	环境保护费	3 084 477	3 079 830	3 357 370	9.01%

资料来源:公司年报整理所得。

2. 环境税开征后煤矿行业研发投入分析

根据表8-6可知,开滦集团有限责任公司在2018年首次缴纳的环境税税额高达1 500多万元,这在给企业带来经济压力的同时也反映出企业在环境保护方面较为欠缺。由此,集团在发展战略中加大研发力度,于2020年花费1亿元以上用于投资技术创新,优化工艺流程,致力于企业的绿色发展改革。

表8-6 开滦集团有限责任公司研发投入分析一览表

单位:元

企业名称	年度	2018年	2019年	2020年	2020年增长率
开滦集团有限责任公司	营业收入	76 022 704 860.30	20 071 971 845.94	18 176 778 760.87	−9.44%
	环境保护税	15 684 776.26	14 900 706.96	11 542 921.10	−22.53%
	研发费用	55 371 153.53	80 492 852.49	148 704 489.14	84.74%
	环境保护费	4 464 180.00	7 251 711.63	(缺失)	(缺失)

资料来源:公司年报整理计算所得。

3. 环境税开征后化工行业研发投入分析

从表8-7可以看出,金牛化工公司的营业收入呈现负增长,正处于亏损状态,该公司2019年的环境保护费较2018年相比涨幅加大,增长率达57.55%,原因在于其排污指标超过规定较多,应继续加大研发投入,不断改革工艺。

表 8-7　河北金牛化工股份有限公司研发投入一览表

单位:元

企业名称	年度	2018 年	2019 年	2020 年	2019 年增长率
河北金牛化工股份有限公司	营业收入	956 198 689.12	787 219 833.92	404 035 305.28	－17.67%
	环境保护税	274 425.38	321 148.27	285 310.89	17.03%
	研发费用	6 809 839.14	8 792 531.12	1 888 596.42	29.12%
	环境保护费	1 358 171.97	2 139 743.34	(年报未披露)	57.55%

资料来源:公司年报整理计算所得。

4. 环境税开征后钢铁行业研发投入分析

钢铁行业是我国目前的支柱产业,在生产加工很多流程中都会产生废气的排放。从表 8-8 来看,河钢股份有限公司在 2020 年投入的研发费用比 2019 年投入的少了 3 亿多元,再根据环境保护费用支出的减少幅度,可以分析出该公司已经加大对环境友好型技术的应用,营业收入也较 2020 年有所增长,是一个非常好的环境治理企业的代表。

表 8-8　河钢股份有限公司研发投入分析一览表

单位:元

企业名称	年度	2018 年	2019 年	2020 年	2020 年增长率
河钢股份有限公司	营业收入	56 176 316 112.95	62 394 053 081.30	107 657 058 670.48	72.54%
	环境保护税	47 744 455.71	49 741 664.27	111 892 373.69	124.95%
	研发费用	1 242 482 922.96	3 286 892 106.41	2 820 729 671.94	－14.18%
	环境保护费	5 664 531.79	998 570.52	(年报未披露)	(年报未披露)

资料来源:公司年报汇总分析所得。

(三) 环境税的开征对推动环保设备销量的分析

根据前文分析,环境税开征后各行各业都致力于进行企业转型升级,改进技术和优化流程等。随着改革推进,众多企业也开始生产大气污染防治设备,其前景也随之变得更加值得期待。图 8-3 中汇总了京津冀地区大气污染防治设备产销量的月度数据,可以看出,对于该设备当期的生产量自 2018 年 10 月到 2019 年 11 月都在持续增加,累计销售量也随月度稳定增长。分析后可知,环境税的开征在一定程度上拉动了环保设备的营业收入,环保行业和治理行业的前景比较乐观。

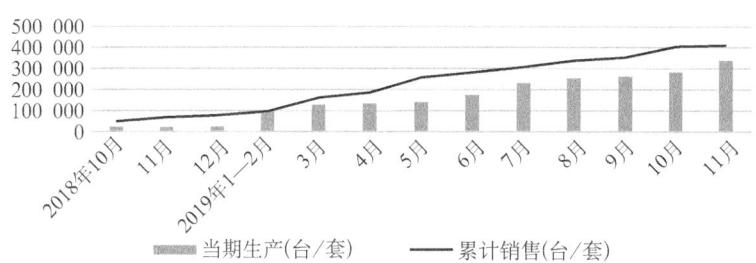

图 8-3　京津冀地区大气污染防治设备产销量的月度数据表

资料来源:国家统计局、北极星环保网整理计算所得。

三、环境税倒逼废气排放企业绿色转型的分析

(一) 建立 PEST 分析模型

可通过 PEST 模型分析废气排放企业进行绿色转型的必要性,如图 8-4 所示。其中,P(political)代表政治因素、E(economic)代表经济因素、S(social)代表社会因素、T(technological)代表技术因素。

1. 政治环境分析

习近平总书记在党的二十大报告中强调:"大自然是人类赖以生存发展的基本条件。尊重自然、顺应自然、保护自然,是全面建设社会主义现代化国家的内在要求。必须牢固树立和践行绿水青山就是金山银山的理念,站在人与自然和谐共生的高度谋划发展。"

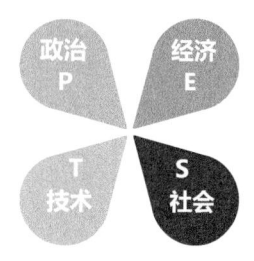

图 8-4　PEST 分析模型

其实，自2018年起，《环境保护税法》开始实施，国家政府也出台了一系列政策。2018年1月16日，京津冀地区为贯彻落实党的十九大关于"打赢蓝天保卫战""提高污染排放标准"的要求，发布了《关于京津冀大气污染传输通道城市执行大气污染物特别排放限值的公告》。2018年12月4日，发布《农药工业大气污染物排放标准公告》，2019年5月29日，发布《挥发性有机物无组织排放控制标准》，2019年12月31日，发布《印刷工业大气污染物排放标准公告》。

2. 经济环境分析

我国经济已由高速增长阶段转向高质量发展阶段，环境税的开征倒逼废气排放企业进行技术的革新、生产工艺的优化以达到绿色、高质量的发展。在国家和企业一体化实施环境税专款专用的背景下，环境质量渐渐优化，企业形象显著提升，企业在追求经济效益的同时积极履行社会义务，实现社会价值。

3. 社会环境分析

我国是一个人口大国，但同时也是一个人力资本相对匮乏的国家，国家、社会、家庭都需要实现可持续发展。2020年2月11日，生态环境部发出京津冀及周边地区再现重污染的警报，区域内频繁出现长时间静稳、强逆温、高湿气象，大气污染物无法垂直扩散，导致京津冀中部、河南中部、山东西部等地多次出现大雾天气以及持续雾霾天。大气环境已经不堪重负，所以相关废气排放企业的优化转型已然刻不容缓。

4. 技术环境分析

目前，我国很多废气排放治理企业都采用了非常先进的废气治理技术，比如脱硫脱硝控制技术、石膏湿法、烧结半干法脱硫技术、烟气循环流化床技术等。国家在征收环境税中，也制定了税收优惠减免等政策。环境税的专款也被用于投资生态环境的保护，这无一不促进和推动了废气排放企业的绿色转型。在前文的分析中，污染企业现在最需要的就是技术的革新，从而减轻税收的经济负担,达到国家要求的排污标准。

(二) 废气排放企业的发展前景规划

根据 PEST 模型分析,综合政治、经济、社会以及技术四方面来看,废气排放企业必须进行战略调整,适应新的税制。环境税将作为废气排放企业强大的驱动力,促进其改革创新,绿色发展可对废气排放企业的转型产生推进作用。废气排放企业通过对产业链的优化调整、生产工艺流程的能效升级以及对废气排放标准的限制等对企业的现行政策进行改革和优化,使企业达到长期良性发展的目的。

根据我国废气排放行业的不同特点以及不同的城市类型,可对废气排放行业的前景作以下规划:对于数量扩张型城市,比如京津冀地区,可选择增值税优惠,环境税可选择合理设定的从价计征税率,鼓励向环境友好型、科技创新型企业的转型升级;对于资源依赖型城市,比如陕甘宁以及山西地区,可选择资源税从量计征税率,发展费改税之后的排污权交易制度,本着大中型领跑企业带动小型企业的原则,引导产业链条的结构调整,鼓励企业提高资源的利用能效,并对大气污染物的排放进行严格监管;对于综合发展型城市,比如华南地区,可推行企业环保信用奖惩机制,建立专门的环保信用基金,充分发挥信用体系在现代经济社会中的重要性,促进企业向环境友好型方向发展。

四、对废气排放企业征收环境税应关注的问题

我国环境税的提出和实施时间较短,一定程度上还不够完善,征收及缴纳都存在一些问题,比如企业在追求经济利益的前提下是否可以通过环境税来平衡环保问题,目前国家税务部门在环境税的征收上与国际还有很大的差距,企业在缴纳环境税时缺乏外在和内在驱动力,等等。

面对这些问题,本部分从国家征收和企业缴纳两个方向提出了相应的解决策略。

1. 经济环保不平衡问题

废气排放企业征收环境税是为了解决环境负荷问题,也是利用税收杠杆实现经济利益和环保利益的经济手段。但是工业废气的排放企业以生产制造业为主,改革需要时间,自 2018 开征环境税至今虽然取得了一定的成效,但是因此承担的经济压力和环境税带来的成本黏合性还未能有效解决,经济和环保不平衡的问题仍然存在。

2. 地区差距较大

环境税开征至今,虽然一系列政策已经基本普及,但是中央和地区的合作在治理大气污染方面仍然存在协同乏力的问题。大气污染物治理的激励机制欠缺,治理和监管组织形同虚设,相关企业对环保问题不够重视,规章制度不够完善等一系列问题依然存在。政府之间、政府和企业之间、企业和个人之间就环境税缴纳及废气治理缺乏有效沟通。

与国外环境税制度相比,我国环境税制度正处于起步探索阶段。我们需要取其精华、去其糟粕,学习国外成熟的经验,构建一个全面统一的环境税税收惠免政策体系,从而实现企业的可持续性发展。

3. 企业大气污染治理的驱动力不足

不同地区利益需求的差异性会间接导致治理方式的不协调。秉持经济效益原则及实现绿色发展的目的,企业需要内部激励和外部激励同时发挥作用。就内部激励而言,因为京津冀地区对大气环境的需求意愿和投入能力呈现相关性,故根据人均可支配收入和公共财政自给率的差距来分析其环保投入能力。从图 8-5 可知,京津冀三地的人均收入和公共财政自给率的差异明显,其环保投入能力也随 GDP 的减少而减少,呈降序排列。在外部激励方面,尤其在京津冀地区,中央政府和地区政府之间财权与事权的分离大大削弱了协同治理大气污染的外部激励。

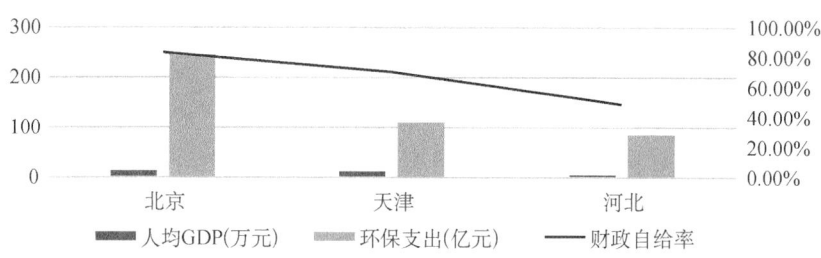

图 8-5　京津冀地区环保投入能力分析图表

资料来源：北极星环保网数据收集整理所得。

第九章 启示与建议

环境税的出台,一定程度上改善了前身排污费存在的征收管理规定不明确、缺乏适当的优惠政策、收入分成比例影响地方征收积极性等问题。首先,环境税属于税收的一种,法律层级更高,强制性更强,可以更好地明确征收管理的规则,执行力更强;其次,环境税增加了税收优惠政策,政策的制定也更加科学、规范、明确,具有更明显的鼓励企业减排的作用;最后,相比于排污费按中央和地方1∶9的比例分成的规定,环境保护税的全部收入都作为地方收入,能够激发地方征收环境税的积极性。但是,环境税在制度的设定和征收管理过程中仍然存在一定问题。

一、环境税征收中存在的问题

如果环境税改革机制设计合理,环境税改革就可以获得双重甚至多重改革红利。我国环境税征管问题研究落后于税制设计,未得到足够的重视,会对环境税的实施产生不利影响。

1. 污染物排放量监测不准确

根据《环境保护税法》,税务机关主要负责征管环境税款,但由于环境税的征收与排污量息息相关,因此需要环保部门配合应税污染物的监测管理工作。然而,污染物的监测结果会受到各种外因的影响,难以达成真正的统一标准。甚至有部分污染物无法通过自动监测设备进行测量,只能依靠人工,由此也会产生差异。

2. 征收范围狭窄

目前我国环境税的征收主要分为大气污染物、水污染物、固体废物和噪声污染四大类,但是对二氧化碳这种虽然不是有害气体却会造成环境问题的大科目,我国目前没有收税。

除此之外,环境税的征收只是集中在污染企业之中,虽然企业污染物排放是造成环境污染的主要来源之一,但人们在生活中造成的污染量同样非常多,并不亚于企业的污染排放,而且这类污染的治理成本很高。对于人们日常生活中的污染排放,我国没有进行征收环境税。环境税征收的税种少、环境税征收对象的范围小,都是我国环境税征收过程中面临的主要问题。

3. 环境税收用途不明

我国的《环境保护税法》目前只明确了环境税收归入地方政府专享,然而对于这笔税收收入具体如何使用,暂时并未明确规定,而是将环境税税收使用的决定权全权交予地方政府,而且各地政府并未明文规定环境税税收如何使用。我国环境税开征到现在已有 5 年之余,没有明确的税收收入使用用途和方向会影响地方政府使用这笔收入时的效率和效果,从而导致征收环境税的环境保护效益进一步降低。

4. 部门协作存在障碍

根据相关文件,各个地区的人民政府都应当合理建立相关主管部门专门征管环境税,并协同环保部门和其他相关部门建立分工合作机制,各司其职,确保将税款按时足额入库。但实际上环境保护部门和税务部门之间的分工尚不明确,存在监管不力的情况。在信息共享平台的建设和运营、污染物税收纠纷的解决以及审查工作流程等方面,经营分工与合作指导原则均未制定,导致部门之间的协作存在障碍,尤其是需要部门之间密切配合的水污染物,更容易发生协作困难的情况。

二、环境税征收的启示与建议

1. 统一监测标准

国家应采取相应措施充分鼓励企业安装在线自动监测设备,在此基础上,应统一确定监测设备规范、监测标准等,使其能够通用于各个治污行业,避免因机器与人工监测不同而导致巨大差异。全面安装自动监测设备、提高自我监测设备的覆盖率,不仅能减少监测部门的工作量,更能使环保部门实时监测污染排放的数据实现更高质量的管控。为了实现这一目标,各地区可根据情况,对于安装自动监测设备的企业给予一定资金支持或税收减免等优惠,促进企业安装自动监测设备,只有设备统一了,污染物的监测才能早日达成一致标准。

2. 增加应税污染物种类

二氧化碳是钢铁行业排放的主要污染物之一,目前在我国二氧化碳减排管理的职责在发改部门,而非环保部门。为了落实碳减排任务,建议将二氧化碳纳入环境税征税范围。同时,仍有很多高污染、高危害的物质没有纳入征收环境税的范畴,它们会对环境造成污染,例如,多氯联苯、二噁英、二甲基酰胺、总氮、非甲烷总烃等污染物。有关部门应该尽快把这些污染物一并纳入征税范围。

3. 公开环境税的使用,建立环境保护基金

环境税收入的使用一直是人们关心的问题,它的用途关系到环境税的实施效果。目前我国对环境税税收的使用全权交予地方政府,地方政府也没有相关明文规定。许多环境税研究者认为要专款专用,将环境税收入运用到环境治理之中,并且将环境税税收的用途公开,让人们了解环境税收入的去向,共同监督,以提高使用效率。不仅如此,我们还可以效仿国外,将部分环境税收入用于建立环境保护基金。

4. 改进部门之间的协作机制

因为环境税由各地方税务机关负责征收,所以应当形成地方政府领导和协调环境税款征收与管理的规范性工作指南。首先,应明确规定地方政府应遵循的工作原则,明确其工作内容和协调范围,充分发挥领导管控作用;其次,应充分结合税务机关的税收征管优势和环保部门的技术优势,明确双方信息交流共享的标准、范围等,充分改进双方的协作机制。

5. 充分发挥混合型政策工具的效能

首先,环境税的征收由国家政府引导,由税务局监管,由相关企业自行

缴纳。因此,自愿性政策工具应该在企业之间首先被提出,这种自发行为,一方面成本低,可以利用舆论对企业施加压力,另一方面可以将客观的环保纳税意识逐渐变成主观意愿上的行为,提高人们的环保意识。

其次,强制性政策工具不可忽略。环境税这种新兴税种在发展阶段需要借助国家政府的权威和强制力,尤其是在废气排放行业,必要时,需要政府的强制管制,比如对小煤矿、小炼钢厂关停整改等。因为环境税专款专用,所以政府也可直接向企业提供环保设备升级服务等,允许企业之间进行内部交易,在废气治理方面实现成本最小化原则。

最后,应根据相关企业相关地区的特殊性,采用灵活的政策工具,比如,由政府或指定机构给予企业以及事业单位一定数量的补贴,以使企业实现良性发展。

6. 完善排污权交易制度

排污权交易制度是一种建立在控制污染物排放总量的前提下,为激励和促使污染物排放量的降低,由排污权交易的双方利用市场机制以及所需环境资源的特殊性,在环保主管部门的监督管理下,通过交易实现低成本治理污染的一种制度。根据目前我国的废气排放企业的现状,排污权交易制度可以将政府和企业结合到一起。在政府层面上,需要通过制定排污标准并强制征收环境税;而在企业层面上,各相关企业之间可以进行排污权交易。排污权的卖出方由于超量减排而使排污权剩余,之后再通过出售剩余的排污权获得经济回报,这种经济回报实质上就是市场对企业环保行为的补偿,也可作为一种激励机制,为企业提供环保的驱动力。买方由于新增排污权不得不付出代价,其支出的费用实质上也是其污染环境的代价,是惩罚也是警示,提醒企业需要关注环境问题。排污权交易制度可使政府使用法律手段将环境使用这一经济权利与市场交易机制融合,使政府这只有形之手和市场这只无形之手紧密结合起来,以控制环境污染。

参 考 文 献

[1] Agnolucci P. The Effect of the German and British Environmental Taxation Reforms: A Simple Assessment[J]. Energy Policy, 2009, 37(8):3043-3051.

[2] Bayindir-Upmann, On the Double Dividend under Imperfect Competition[J]. Environmental and Resource Economics,2004(2):169-194.

[3] Bergström J. Environmental Taxation and its Effect on Green Innovation[D]. Lund University, Sweden, 2011.

[4] Bovenberg A L, Frederick V D P, et al. Consequences of Environmental Tax Reform for Unemployment and Welfare [J]. Environmental & Resource Economics, 1998(12):137-150.

[5] Carraro C, Galeotti M, Gall M. Environmental Taxation and Unemployment:Some Evidence on the Double Dicidend Hypothesis in Europe[J]. Journal of Public Economics,1996(62):141-181.

[6] Coase R H. The Problem of Social Cost[M]. London: Palgrave Macmillan, 1960.

[7] Coulder L H. Environmental Taxation and the Double Dividend:A Reader's Guide [J]. International Tax and Public Finance,1995.(2):157-183.

[8] Cui J H. Reform in the Japanese Environmental Taxation and the Economic Effects [J]. Contemporary Economy of Japan, 2012(3).

[9] Ekins P. European Environmental Taxes and Charges: Recent Experience, Issues and Trends[J]. Ecological Economics, 1999, 31(1):39-62.

[10] Gaigné C, Tamini L D. Environmental Taxation and Import Demand for Environmental Goods: Theory and Evidence from the European Union [J]. Environmental and Resource Economics, 2021(2):1-46.

[11] Janis K. Zaima. Analysis of the Effects of ESOP Adoption on the Company Cost of Capital [J]. Managerial Finance,2015(37):173-188.

[12] Oliver Budzinski. Ecological Tax Reform and Unemployment: Competition and

Innovation Issues in the Double Dividend Debate[J]. Ssrn Electronic Journal,2002.

[13] Parry I, Bento A M. Tax Deductions, Environmental Policy, and the "Double Dividend" Hypothesis[J]. Journal of Environmental Economics and Management, 2000, 39(1):67-96.

[14] Pearce D. The Role of Carbon Taxes in Adjusting to Global Warming [J]. Economic Journal, 1991,101(407):938-948.

[15] Pigou A C. The Economic of Welfare[M]. 4th ed. London: Palgrave Macmillan, 1962.

[16] Pinglin He, Jing Ning, Zhongfu Yu. Can Environmental Tax Policy Really Help to Reduce Pollutant Emissions? An Empirical Study of a Panel ARDL Model Based on OECD Countries and China[J]. Sustainability,2019(11):1-32.

[17] Valeria Andreoni. Environmental Taxes: Drivers behind the Revenue Collected[J]. Journal of Cleaner Production,2019,17-26;221.

[18] Verbeke A, Coeck C. Environmental Taxation: A green Stick or a Green Carrot for Corporate Social Performance? [J]. Managerial and Decision Economics, 1997: 507-516.

[19] White A J. Decentralised Environmental Taxation in Indonesia: A Proposed Double Dividend for Revenue Allocation and Environmental Regulation [J]. Journal of Environmental Law, 2007(1):1.

[20] Xiurong Hu, Yinong Sun, Junfeng Liu, et al. The Impact of Environmental Protection Tax on Sectoral and Spatial Distribution of Air Pollution Emissions in China[J]. Environmental Research Letters,2019,14(5):1-12.

[21] 阿尔弗雷德·马歇尔.经济学原理[M].北京:外语教学与研究出版社,1890.

[22] 包健.税制绿化度对环境污染的影响分析[J].税务研究,2020(11):52-57.

[23] 毕茜,于连超.环境税与企业技术创新:促进还是抑制?[J].科研管理,2019,40(12):116-125.

[24] 曹杰.钢铁企业环保税税收筹划[J].冶金财会,2018(10):51-54.

[25] 曹静韬.从庇古税的有效性看我国环境保护的费改税[J].税务研究,2016(4):37-41.

[26] 陈斌,邓力平.环境保护税征管机制:新时代税收征管现代化的视角[J].税务研究,2018(2):28-33.

[27] 陈红彦.《环境保护税法》征税范围之检视[J].环境保护,2017,45(Z1):37-40.

[28] 陈敏敏,吴琼,张震,等.我国城镇污水处理厂环境绩效评价研究[J].环境科学研究,2020,33(12):2675-2682.

[29] 陈少英.环境排污费改税的立法选择——基于税收本质观的重新思考[J].华东理工大学学报(社会科学版),2016,31(1):108-116+132.

[30] 储勇,施红,张江彦.自愿参与型环境规制、创新能力与绿色技术创新——来自中国涉农微观企业的数据分析[J].科技管理研究,2022,42(7):215-225.

[31] 崔也光,鹿瑶,王京.环境保护税对重污染行业企业自主技术创新的影响[J].税务研究,2021(7):60-65.

[32] 戴芳,胡娇.论我国环境保护税征管措施的优化[J].税收经济研究,2018,23(4):57-63.

[33] 戴文燕.火电项目的环境成本—收益研究[D].首都经济贸易大学,2017.

[34] 付慧姝.我国环境保护税立法应关注的几个问题——以社会可接受性为视角[J].法学论坛,2017,32(1):143-149.

[35] 高歌.环境政策实践的研究回顾与启示[J].社会科学家,2019(9):54-59.

[36] 韩国高,王昱博.环境税对OECD国家制造业产能利用率的效应研究——兼议对中国制造业高质量发展的启示[J].产业经济研究,2020(2):87-101.

[37] 胡珺,阮小双,马栋.环境规制、成本转嫁与企业环境治理[J].海南大学学报(人文社会科学版),2023,41(5):187-198.

[38] 胡学龙,杨倩.我国环境保护税制度改进及征收管理研究[J].税收管理,2018(403):119-122.

[39] 黄洪,张世敬.环境保护税的主要问题与优化策略研析[J].税务研究,2020(11):58-61.

[40] 黄素梅,李佳鹏.试析我国环境保护税征管中的难题与对策[J].税务研究,2021(2):139-143.

[41] 蒋春来,宋晓晖,钟悦之,等.基于排污许可证的碳排放权交易体系研究[J].环境污染与防治,2018,40(10):1198-1202.

[42] 柯美高.国际贸易与庇古税规则——基于完全垄断的视角[J].国际经贸探索,2018,34(10):17-30.

[43] 郎威,陈英姿.绿色发展理念下我国绿色税收体系改革问题研究[J].当代经济研究,2020(3):105-112.

[44] 李凤鸣,杨昀.环境保护费改税的必要性探究——基于PESTEL分析法[J].中国管理信息化,2019,22(11):119-120.

[45] 林航.环境规制、企业研发投入与创新效率[D].福建师范大学,2021.

[46] 林思宇,陈佳斌,石磊,等.环境税征收对小微企业的影响——基于湖南省小微工业企业实证数据分析[J].中国环境科学,2016,36(7):2212-2218.

[47] 林思宇,石磊,马中,等.环境税对高污染行业的影响研究——以湖南邵阳高COD排放行业为例[J].长江流域资源与环境,2018,27(3):632-637.

[48] 刘长翠,王丽娜.环境保护税会计核算相关问题研究[J].税务研究,2017(12):114-118.

[49] 刘惠宇,王舟,陈一笑,等.环保税征收经济效益与环境效益研究[J].合作经济与科技,2018(19):154-157.

[50] 刘田原.环境税的税收优惠政策解析[J].税务与经济,2020(5):95-102.

[51] 刘宇,胡晓虹.环境税的 SO_2 和 NO_x 行业排放分解效应研究[J].中国环境科学,2017,37(1):392-400.

[52] 刘宇,胡晓虹,王宇,等.成本收益视角下环境税种的最优选择[J].宏观经济研究,2017(5):80-90+142.

[53] 龙凤,杨琦佳,葛察忠,等.环境保护税对企业经济负担的影响分析[J].环境保护,2018,46(Z1):82-85.

[54] 卢洪友,刘啟明,祁毓.中国环境保护税的污染减排效应再研究——基于排污费征收标准变化的视角[J].中国地质大学学报(社会科学版),2018,18(5):67-82.

[55] 卢洪友,朱耘婵.我国环境税费政策效应分析——基于"三重红利"假设的检验[J].中国地质大学学报(社会科学版),2017,17(4):9-26.

[56] 卢少华.浅谈开征环境保护税对污水处理企业的影响及对策[J].纳税,2018(8):27.

[57] 芈斐斐,张自力.环境税促进了企业创新成果吗?——来自中国企业专利数据的实证研究[J].哈尔滨商业大学学报(社会科学版),2020(6):80-90.

[58] 皮丽珍.环保税的实施对钢铁企业的影响与对策[J].冶金财会,2019(4):8-11.

[59] 屈凯.环境规制的企业绿色技术创新效应研究[J].湖南科技大学学报(社会科学版),2021,24(6):90-99.

[60] 史学瀛,杨博文.我国环境保护税与排污许可管理的制度耦合与衔接机制[J].税收经济研究,2019,24(1):17-24.

[61] 宋鑫,郑洋,胡华龙.我国固体废物环境税制度设计的问题与建议[J].环境保护,2016,44(1):40-43.

[62] 孙毅,周爽,单葆国,等.多情景下的电能替代潜力分析[J].电网技术,2017,41(1):118-123.

[63] 田翠香.环境税影响企业绿色技术创新的主从博弈分析[J].财经问题研究,2020(9):95-104.

[64] 田翠香,靖明霞.环境税双重红利效应研究综述[J].财会通讯,2019,(35):38-42.

[65] 涂国平,张浩,冷碧滨.基于企业治污行为的环境税率动态调整机制[J].北京理工大学学报(社会科学版),2018,20(1):45-51.

[66] 王丹舟,许佳仪,张晓耕.国外水污染税征收实践与经验借鉴[J].生态经济,2017,33(6):191-195.

[67] 王书斌,徐盈之.环境规制与雾霾脱钩效应——基于企业投资偏好的视角[J].中国工业经济,2015(4):18-30.

[68] 王旭.钢铁行业环境污染现状及改进措施[J].中国环保产业,2019(3):25-26.

[69] 王有兴,杨晓妹,周全林.环境保护税税率与地区浮动标准设计研究[J].当代财经,2016(11):23-31.

[70] 王哲林.环境税的国际比较及借鉴[J].税务研究,2007(7):78-82.

[71] 魏思超,范子杰.中国高质量发展阶段最优环境保护税率研究[J].中国人口·资源与环境,2020,30(1):57-66.

[72] 魏巍贤,马喜立,李鹏,等.技术进步和税收在区域大气污染治理中的作用[J].中国人口·资源与环境,2016,26(5):1-11.

[73] 魏巍贤,王月红.京津冀大气污染治理生态补偿标准研究[J].财经研究,2019,45(4):96-110.

[74] 温湖炜,钟启明.环境保护税改革能否撬动企业绿色技术创新——来自中国排污费征收标准变迁的启示[J].贵州财经大学学报,2020(3):91-100.

[75] 吴健,陈青.环境保护税:中国税制绿色化的新进程[J].环境保护,2017,45(Z1):28-32.

[76] 吴亦九.新环保税的开征对大气污染控制的推进作用[J].世界环境,2018(1):88.

[77] 吴芸,赵新峰.京津冀区域大气污染治理政策工具变迁研究——基于2004—2017年政策文本数据[J].中国行政管理,2018(10):78-85.

[78] 吴泽豪.环保补助、环境税费对高污染企业绿色技术创新的影响研究[D].吉林大学,2022.

[79] 伍世安.改革和完善我国排污收费制度的探讨[J].价格理论与实践,2007(7):11-12.

[80] 徐文成,毛彦军.环境税的产业结构调整效应研究[J].管理学刊,2019,32(2):36-44.

[81] 杨竞萌,王立国. 我国环境保护投资效率问题研究[J]. 当代财经,2009,298(9):20-25.

[82] 于佳曦,李新. 我国环境保护税减排效果的实证研究[J]. 税收经济研究,2018,23(5):76-82.

[83] 于连超,孙帆,毕茜,等. 环境保护费改税有助于提升企业产能利用率吗?——来自《环境保护税法》实施的准自然实验证据[J]. 上海财经大学学报,2021,23(4):32-47.

[84] 于连超,张卫国,毕茜. 环境保护费改税促进了重污染企业绿色转型吗?——来自《环境保护税法》实施的准自然实验证据[J]. 中国人口·资源与环境,2021,31(5):109-118.

[85] 于连超,张卫国,毕茜. 环境税的创新效应研究[J]. 云南财经大学学报,2018,34(7):78-90.

[86] 于连超,张卫国,毕茜. 环境税对企业绿色转型的倒逼效应研究[J]. 中国人口·资源与环境,2019,29(7):112-120.

[87] 于连超,张卫国,毕茜. 环境税会倒逼企业绿色创新吗?[J]. 审计与经济研究,2019,34(2):79-90.

[88] 袁新杰. 大气污染防治技术研究[J]. 中国资源综合利用,2018,36(7):157-158+161.

[89] 曾先峰,张超,曾倩. 资源税与环境保护税改革对中国经济的影响研究[J]. 中国人口·资源与环境,2019,29(12):149-157.

[90] 张弛,刘珮露. 关于水污染"费改税"问题的研究与探讨[J]. 水利发展研究,2017,17(8):36-40.

[91] 张凤帆,纪明. 完善中国环境保护税征收管理的路径[J]. 社会科学家,2019(6):49-54.

[92] 张海亚,李思琦,黎明月,等. 城镇污水处理厂碳排放现状及减污降碳协同增效路径探讨[J]. 环境工程技术学报,2023,8:1-14.

[93] 张伊丹,董战峰,葛察忠,等. 环境保护税减征优惠的激励机制与创新研究[J]. 生态经济,2019,35(4):167-171.

[94] 张伊丹,葛察忠,段显明,等. 环境保护税税额地方差异研究[J]. 税务研究,2019(1):25-31.

[95] 甄美荣,江晓壮. 环境税对企业绿色技术创新的影响——基于政府质量和绿色购买的调节效应[J]. 大连理工大学学报(社会科学版),2021,42(4):26-36.

[96] 中国财政科学研究院课题组.发达国家大气治理财税政策经验与启示[J].经济研究参考,2017(33):3-10+62.

[97] 周颖.费改税视角下的环保税改革研究[D].华中科技大学,2019.

[98] 周颖.排污费改征环境保护税对企业技术创新的影响研究[D].暨南大学,2021.

[99] 朱法华,王圣.煤电大气污染物超低排放技术集成与建议[J].环境影响评价,2014(5):25-29.

[100] 邹奎,王小林,沈丽君.国外环境税对中国环境排污收费制度的启示[J].世界农业,2016(7):135-139.